KB199869

적대 정치 청산과 개헌을 말하다

한국 민주주의 구출하기

NANAM
나남출판

적대 정치 청산과 개헌을 말하다

한국 민주주의 구출하기

2025년 5월 28일 발행
2025년 5월 28일 1쇄

지은이   강원택·서정건·장영수·성낙인·염재호·최장집
기획   한림대학교 도헌학술원 R&D 기획단
발행자   조완희
발행처   나남출판사
주소   10881 경기도 파주시 회동길 193, 4층 (문발동)
전화   (031) 955-4601 (代)
FAX   (031) 955-4555
등록   제406-2020-000055호 (2020.5.15)
홈페이지   http://www.nanam.net
전자우편   post@nanam.net

ISBN 979-11-92275-29-1
ISBN 979-11-971279-4-6 (세트)

한림대
도헌학술총서
05

적대 정치 청산과 개헌을 말하다

한국 민주주의 구출하기

강원택 · 서정건 · 장영수 · 성낙인 · 염재호 · 최장집 지음

NANAM
나남출판

Toward the End of Hostile Politics and Constitutional Reform

Reviving Korean Democracy

by

Won-Taek Kang, Jungkun Seo, Young-Soo Chang,
Nak-in Sung, Jaeho Yeom, Jang Jip Choi

NANAM

차 례

개헌이 한국 정치의 판을 바꾼다

2025년 4월 4일 오전 11시 22분, 문형배 헌법재판소 소장 권한 대행이 주문을 낭독할 때 필자의 마음은 의외로 담담했다. 법사 실주의와 엄정주의에 입각하면 대통령을 파면한다는 판결 외에 다른 방도를 찾기 어려웠을 것이다. 한편으론 답답했다. 차단된 통로! 헌재가 대통령을 파면한다고 해서 한국 정치의 막힌 출구가 뚫리는 것은 아니다. 희비가 엇갈렸다. 다행히 광화문에서 충돌은 일어나지 않았다. 시민들이 서로 진영 다툼을 한다고 해서 한국 정치의 본질이 바뀌지는 않는다.

필자는 사실 정치권 전체에 분노한다. 사태를 이 지경까지 몰고 왔다는 점, 시민들을 좌우파 진영 투쟁에 무한정 동원했다는 점, 합의정신이 녹아 있는 광화문 광장을 정치 선동에 활용했다는 사실에 말이다. 누가 잘했고 못했는지를 따질 계제가 아니다. 국민이 정치인들에게 위임한 '정치'라는 국가적 자원을 이 정도로 망가뜨렸다면 정치권 전체가 국민의 심판을 받아야 마땅하다.

필자는 한국 정치가 적대 정치antagonistic politics의 전형으로 추락했다고 진단한다. 대통령이 파면됐다고 사정은 달라지지 않는다. 전 세계 40여 개의 민주주의 국가 중에서 한국처럼 적의와 반목에 빠진 국가는 단언컨대 없다. 민주화 이후 모든 대통령이 법적 수렁에 빠졌거나 감옥에 갔다. 탄핵소추를 당한 대통령도 세 명이다. 김영삼·김대중 대통령 이후 등장한 정권들은 모두 경쟁 상대를 적敵으로 규정했고 전의戰意에 충만했다. 양 진영은 서로 포화를 날리느라 바빴다.

노무현 정권 중반 이후 현재까지 대한민국은 정치권의 싸움으로 시끄러웠다. 양 진영의 공격은 집요했고 끈질겼다. 마치 아이언 돔에 날아드는 수천 발 미사일을 요격하는 장면 같았다. 그게 불꽃놀이라면 얼마나 좋을까마는 증오의 미사일은 시민들의 꿈의 화폭인 밤하늘을 들쑤셨다. 증오와 분노! 정치인들은 '정의의 비용'이라고 얼버무리겠지만 천만에! 국회는 가장 천박한 막말을 주고받는 곳, 걸핏하면 힘으로 밀어붙이는 격투장임을 이젠 청소년들도 부인하지 않는다. 사정이 이런데도 '정의의 비용'이라고 합리화할 것인가.

정의란 무엇인가? 민주화 38년간 한국에서 정의는 합의되지 않았다. 합의되는 중이라고 말하는 편이 옳다. 아니, 정의는 합의되는 절차적 과정에서 얻어지는 가변적 개념이다. 누가 정의를 독점할 수 없다. 정의를 위한 '적폐 청산'이 오히려 적폐를 누적시켰다고 한다면 뭐라 할까? 필자를 향한 비난이 들리는 듯하다. 그러나 현실이 그러했다. 정의 개념으로 구출하고자 했던 집단들이 폐해를 감당했다. 오죽했으면 필자의 저서에 《정의보다 더 소중한 것》(2021)이란 제목을 달았을까?

민주주의는 자유freedom와 평등equality 간 적정 배합을 추구하는 정치체제다. 평등 쪽에 비중을 두면 사회민주주의, 자유 쪽으로 무게 중심이 옮아가면 자유민주주의가 된다. 유럽의 경우 남쪽 국가들은 자유민주주의이고 북쪽으로 갈수록 계급혁명에 의거한 사민주의가 강해진다. 사민주의라고 해서 노동자와 하층민에게 무조건적 지원을 제공하는 것은 아니다. 지원에는 반드시 책무가 따른다. 통합과 균형에 기여하라는 것이다.

한국 정치가 적대 정치로 전락했다는 사실이 정의로운 국가로 가는 도정에 치르는 대가라고 누군가 말할 수 있겠지만, 이것도 편리한 합리화다. 정당 간, 계급 간 관용과 자제, 타협과 합의를 맹렬하게 좇지 않으면 힘센 자가 규정한 정의는 억압에 다름 아니다. 한국 정치가 빠져든 현재의 구조와 상황에서 '정의'는 결코 얻어지지 않는다고 필자는 단언한다. 이유는 세 가지다. 지난 20여 년 고착된 정치권의 행태와 의식의 특성과 관련된다.

첫째, 좌파든 우파든 야당은 대통령의 실패를 집요하게 노린다. 통치의 실패가 곧 야당의 득이 되기 때문이다. 통치의 실패는 한국의 좌초, 미래의 포기를 뜻하는데, 그로부터 새로 등극한 집권당의 노력도 유사한 공격 위험에 직면한다. 악순환이란 이런 것을 말한다.

둘째, 이런 습성은 민주화 운동의 성공에서 유래한다. 성공의 위험, 성공의 폐해가 그대로 민주주의 제도 공간에 옮아 붙었다. 민주주의는 제도의 집합체이고, 민주정치란 그것을 운영하는 행동양식과 의식구조를 뜻한다. 운동권은 제거와 척결에 능하다. 그래야 순도 100% 혁명이 가능하기 때문이다. 두루 알다시피 1987년 한국 민주화는 군부와 민주세력 간 '거래'로 이루어졌다. 협약 거래가 본질이었다. 민주화의 긴 세월 동안 운동권이 '거래'를 '척결'로 바꾸고자 했던 것은 이런 까닭인데, 민주주의의 제도적 가드레일을 부수고 자주 뛰쳐나왔다. 30차례가 넘는 탄핵을 아무리 그럴듯한 명분으로 채색한다 해도 민주적 가드레일을 망가뜨린 것은 변함이 없다. 비상계엄은 말할 가치도 없다.

셋째, 정당 구조, 현행 좌우파 정당이 정당의 원래 기능과 목적에 충실한가? 대의代議민주주의란 참여와 대변이 두 축이다. 선

12

거가 이뤄진다고 민주주의가 되는 것은 아니다. 한국 유권자들은 정당 리더가 낙점한 후보를 찍는 것 외에 다른 도리가 없다. 국회의원 300명 가운데 왜 법조인이 60여 명에 달하는가? 시민운동가를 영입하면 왜 그들은 비리와 횡령 혐의를 받게 되는가? 그래 놓고 어떻게 항상 민의와 민생을 합창하는가? 개인적 심정이지만, 필자는 그들의 얼굴조차 보고 싶지 않다. 매스컴에서 거친 말을 해대는 그들의 언사에 귀를 막고 싶다. 임기 내내 싸움만 기획하는 그들은 멀리 유배 보내고 싶다.

오늘날 한국의 정치 상황은 비유하자면 시장의 진열대에 상품이 하나밖에 보이지 않는 것과 같다. 정치 시장이란 능력과 비전 경쟁이 보장돼야 하는데 리더가 좌지우지하는 '공천 시장'이라면 정치인의 양성 과정은 왜곡된다. 요즘 유행하는 말로 '우두머리 정치'는 민주주의의 본질을 훼손한다. 필자는 여야를 막론하고 특히 지난 2년 10개월간 얼굴이 익은 의원이 소수에 불과하다. 거수 역할은 충실히 했겠지만, 상대 당 의원들과 회동해서 다른 방도를 모색하는 모습을 본 적이 없고 앞으로도 그럴 것이다. 정책연대? 꿈같은 얘기다.

"한국의 정치는 악의에 찬 사람만이 살아남는 조악한 기계, 민주주의의 가면을 쓴 대중독재와 유사하다." 필자가 《적대 정치 앤솔러지》(2025)에서 '내뱉은' 쓴소리다. 이보다 더한 말을 들어도 좋을 만큼 한국 정치는 품격이 하락했고 구조가 망가졌다. 서까래가 무너지고 담도 허물어져 폐가廢家가 됐다. 이런 마당에 새로운 대통령이 등극한들 뭐가 달라질까. 적의와 증오를 몽땅 버리고 탈바꿈하지 않으면 유권자들이 겪은 정치적 폐해는 그대로 재현될 것이다. 집권당과 합심해서 밀어붙일 수는 있겠지만, 그런 행태가 정의를 실현하는 탁월한 성과를 낼까? 필자의 답은 부정적이다.

노무현 정권 이후 다섯 차례의 정권이 일군 업적을 비교해 보면 그다지 차이가 나지 않는다. 경제성장, 복지, 고용 등 주요 업적에서 좌파 정권은 부침이 심했던 반면, 우파는 등락이 작고 안정적이었다. 개혁의 폭이 협소했거나 충격이 작았을 것이다. 전 세계 국가를 두루 살펴보면, '우파는 돈을 벌고, 좌파는 돈을 쓴다'. 좌우파 간 비판이 오고 가면서 정권교체가 일어나도 민생民生은 순조롭게 개선된다. 한국의 경우 좌우파 성적이 엇비슷하니 서로 험담할 필요가 있겠는가.

이 시점에서 더욱 중요한 것은, 탄핵과 파면의 악순환을 방지하는 정치구조와 관행의 전면적 개혁이다. 판을 바꾼다는 취지에서 '혁신'이 옳겠다. 즉, 개헌이다. 필자는 '87년 헌법'이 운영자들의 악용에 오염돼 그 생명을 다했다고 판단한다. 헌법은 죄가 없다. 다만, 헌법의 틈새를 악용한 정치인들이 87년 헌법을 낡은 것으로 만들었다. 헌재의 판결문에 비친 것처럼, 관용과 자제, 양보와 타협으로 푸는 것이 헌법 정신을 지키는 최소한의 윤리인데, 헌법의 틈새를 활용해 대통령과 집권당은 물론 야당의 행보 역시 심하게 일그러졌다.

헌법 규정을 준수한다는 명분을 힘차게 내세우기 전에, 좌우파 간 대화와 담론, 타협과 합의가 전제돼야 했다. 자신들의 이익이 아니라 국민 공익을 위해 괴물이라 여기는 상대 정치인들과도 만나야 했다. 그러나 모두 자기만 옳고 잘났다고 떠들어댔다. 이 시점에서 차단된 통로를 뚫는 혁신적 작업이 바로 개헌이다. 마침 우원식 국회의장이 대선과 개헌을 동시에 치르자는 참신한 주장을 펴서 모처럼 마음이 활짝 열렸는데, 3일도 안 돼 철회했다. 대권이 코앞인 민주당의 전방위적 압력에 굴복했을 것이다.

정치는 경제성장을 위시해 민복을 결정하는 모든 영역에 영향을 미친다. 그 자체가 가장 중대한 공공재다. 대선 국면에 이미 접어든 상황에서 정치인들의 반성적 고백을 먼저 듣고 싶다. 그래야 한국 정치의 새로운 경로 모색이 가능해진다. 정치는 대의大義를 위해 자신의 소중한 것을 희생하는 사람에게 적격이다. 정치인들이 광화문 광장에서 외친 적대와 증오 속에 대한민국이 처한 엄정한 현실을 구출할 지략이 들어 있는지를 점검해야 한다.

대한민국은 군사분절선과 역사분절선 내에 갇힌 작은 섬, 자칫

하면 중국과 러시아의 입직구로 전락할 위험을 안고 사는 세계 유일의 나라다. 이런 환경을 어렵사리 헤치면서 여기까지 왔다. 이 눈물겨운 행보를 잇고, 국가와 국민을 안전하게 보호할 내공과 혜안을 보여 달라. 뽑아 달라고, 잘할 것이라고만 외치지 말길 기대한다. 개헌 없이 적대 정치는 더욱 번성할 뿐이다.

이 책은 한국 정치에 대한 이런 진단과 해결책을 모색한 심포지엄의 결과물이다. 한림대학교 도헌학술원은 2025년 3월 14일 한국프레스센터에서 "한국 민주주의 구출하기: 적대 정치의 청산과 개헌 제안"을 주제로 학술대회를 개최했다. 헌법재판소의 판결이 그즈음 나올 것이라는 예견 때문에 심포지엄 개최가 어렵지 않을까 하는 우려가 많았는데, 다행히 그날만은 광화문이 조용했다. 청중들도 열기가 대단해서 발표에 나선 교수들의 표정은 자못 진지하고 심각했다. 윤희성 이사장님과 최양희 총장님을 비롯해 학교 교수진과 관계자 여러 분들이 참석했다. 마침 여러 언론 방송사에서 많은 기자들이 참석해서 취재 열기가 뜨거웠다.

1부에서는 정부, 국회, 사법의 쟁점과 문제점들을 짚어 개헌의 방향을 모색했다. 강원택 교수(서울대)는 제왕적 대통령제의 개혁 방향을 제시했다. 서정건 교수(경희대)는 미국 의회제도와 비교해 한국 입법부의 구조와 행위의 특성 및 차별성을 제시했다. 헌법학자인 장영수 교수(고려대)는 개헌의 원칙과 윤곽을 제시했다.

2부에서는 틀에 매이지 않고 평소의 소신을 가감 없이 이야기했다. 염재호 태재대 총장은 21세기 문명변혁기 한국에 요청되는 행정과 정부 역할의 변혁을 강조했다. 전 서울대 총장인 성낙인 교수는 87년 헌법이 생명을 다했음을 전제로 대통령제와 의회제도의 과감한 혁신을 주장했다. 정치학계의 원로인 최장집 고려대 명예교수는 민주주의 제도를 파행적 행위와 비도덕적 정신으로 운영해 민주주의의 심각한 쇠락을 초래한 정치권 전체를 질타했다.

이 책이 출판될 즈음에는 새로운 정권이 탄생할 것이다. 정치권의 행동양식과 의식구조를 바꾸기가 불가능하다는 판단에서 이제는 생명을 다한 '87년 헌법'을 전면 개정하지 않고는 적대정치의 늪에서 벗어나지 못하리라는 것이 이 책을 집필한 공저자들의 공통된 주장이다. 미래의 한국이 전진할 수 있도록 새로운 지평을 만들어 주기를 정치권에 요망한다.

2025년 5월
필진을 대신하여
한림대학교 도헌학술원장 송호근 씀

1부

한국 정치
위기의 근원

1장

2024~25년 비상계엄-탄핵 사태와 한국 대통령제

강원택

1. 서론

윤석열 대통령의 2024년 12월 3일 계엄 선포는 국내는 물론 외국에도 큰 충격을 주었다. 한국은 1970년대 중반부터 전 세계적 규모로 진행된 이른바 민주화의 '제3의 물결'을 탄 국가들 가운데서 안정적으로 민주주의를 진전시키고 공고화한 성공 사례 중 하나로 꼽혔다. 영국 〈이코노미스트〉의 민주주의 지수Democracy Index나 미국 프리덤하우스Freedom House, 스웨덴 예테보리대학의 V-Dem 등 각종 민주주의 평가 기관으로부터 민주주의 진전에 대해 높은 점수를 받아 왔다. 특히 10여 년 전부터 세계 각국에서 민주주의가 후퇴하는 '민주주의 퇴행democratic backsliding'

이라는 우려스러운 현상이 나타난 데 비해, 한국은 사회적 갈등 속에서도 민주주의를 지켜 왔다는 평가를 받았다.

그러나 이번의 계엄-탄핵 사태는 민주주의에 대한 우리의 자긍심과 외부의 높은 평가를 일순간 무너뜨렸다. 왜 이런 일이 발생했을까? '87년 체제'는 '국민의 손으로 대통령을 뽑는다'는 대통령 직선제를 근간으로 한다. 하지만 그 체제가 유지되어 온 데에는 제도적 요인 외에 정치적 관행이나 정치 지도자들이 보여 준 타협과 합의의 정치력 등 비제도적 요인들도 큰 영향을 미쳤다. 이 때문에 이른바 '제왕적 대통령'이나 '청와대 정부' 등과 같은 권력 집중에 대한 잦은 비판에도 87년 체제는 나름대로 안정성을 지니면서 유지되어 올 수 있었다. 이번 사태는 1987년 민주화 이후 유지해 온 우리의 정치 시스템이 더 이상 효과적으로 작동하지 않는다는 것을 극적으로 드러내 보였다.

그런데 윤석열 대통령이 겨냥한 계엄 선포가 사실상 국회와 중앙선거관리위원회가 주된 대상이 되었다는 점에 주목할 필요가 있다. 이러한 사태의 발발이 "전시·사변 또는 이에 준하는 국가비상사태에 있어서 병력으로써 군사상의 필요에 응하거나 공공의 안녕질서를 유지할 필요가 있을 때"라고 규정한 헌법 77조의 내용보다는 국내 정치적 요인이 강했다는 것을 보여 주기 때문이다. 윤 대통령의 계엄 선포는 그 직후 국회의 계엄 해제 요구

결의안이 통과하면서 무력화되었고, 12월 14일 국회는 윤 대통령에 대한 탄핵안을 가결했다. 이로써 계엄 선포로 인한 정치적 위기는 헌법재판소의 판결 결과와 그에 따른 차기 대선 등 헌정적 과정을 통해 해소되게 되었다.

이번 계엄-탄핵 사태와 정치적 위기는 대통령과 의회라는 두 기구가 정치적 타협이나 양보 없이 극단적 상황으로 대립할 때 나타날 수 있는 정치적 결과를 보여 준다. 대통령과 의회의 갈등은 제도적으로 본다면 대통령제에 내재된 근본적 문제, 즉 이원적 정통성dual legitimacy에서 유래된다. 의회 선거만 하는 의회제 국가들과 달리 대통령제에서는 의회뿐만 아니라 대통령도 국민이 직접선거로 선출한다. 의회와 대통령 모두 국민의 직접적 위임을 받는다는 점에서 민주적 정통성을 갖는다. 대통령제에 내재된 제도적인 문제는 이 두 기구를 장악한 정파가 서로 다르고 또 대립적인 경우에 이들 기구 간 갈등을 어떻게 해결할 것이냐는 점이다. 이들 간 대립이 제대로 풀리지 않으면, 린츠가 말한 '대통령제의 위험성The Perils of Presidentialism'이 나타난다(Linz, 1990).

두 기구 간 갈등을 해소할 민주적 원칙은 존재하지 않으며, 설사 헌법에 그런 해결책이 규정되어 있다고 해도 일반적으로 복잡하고 대단히 기술적이고 법리적이어서 유권자들에게 민주적으로 적법한 것으로 간주되기 어렵다. 이런 상황이 되면 때때로 군부가 '중재하는 힘poder moderador'으로 개입하는 것은 우연이 아니다(Linz, 1994: 7).

린츠가 남미 대통령제 국가들을 염두에 두고 지적한 그 위험성은 오늘날 대한민국의 현실이 되었다.

그런데 1987년 민주화 이후 30여 년 동안 대통령제가 그런대로 잘 유지되어 왔다. 더욱이 여소야대 정국도 여러 차례 출현했지만 이번과 같은 극단적 충돌과 파국적 정치 위기는 발생하지 않았다. '87년 체제'가 린츠가 말한 제도적 위험성을 내재하면서도 그동안에는 어떤 이유로 파국을 면할 수 있었을까? 이 글의 목적은 2024년 12월 이후에 전개된 계엄-탄핵의 정치적 위기가 생겨난 원인을 대통령제라는 제도적 특성으로부터 찾아보고, 그러한 문제 해결을 위해 대안을 모색하는 데 있다.

2. '87년 체제'와 대통령제

1987년의 민주화는 한국 정치에 한 획을 그은 정치사적 사건이었지만, 그 핵심은 사실 '대통령 직선제 개헌'이 전부라고 해도 될 만큼 절차적 민주주의 확립이라는 제한된 목표를 지향했다. 따라서 한국의 민주화는 "구체제 엘리트에 의해 보수적으로 종결"되었다는 평가도 받는다(최장집, 2010: 132~136).

그런 제한된 목표와 '구체제 엘리트'에 의해 민주적 이행이 이뤄졌지만, 그 후 한국 정치는 상당히 안정적인 민주적 공고화 과정을 거쳤다. 절차적 민주주의가 확립되어 공정하고 자유로운 선거만이 정치권력의 위임을 결정하는 유일한 방식으로 자리 잡았고, 선거 과정의 공정성에 대한 신뢰도 높아졌다.

또한 군부 권위주의 시대를 겪은 국가가 민주화 과정에서 직면하게 되는 가장 어려운 문제 중 하나인 군의 탈정치화와 권위주의 체제가 남긴 상처를 치유하는 과거사 처리 역시 민주화 이행 초기에 해결되었다. 뿐만 아니라 지역주의 정당체계로 인한 지역 갈등이 문제가 되기는 했지만, 이로 인해 '타협'으로 출범한 '87년 체제'를 거부하거나 부정하는 반체제 세력의 부상과 같은 극화된 정치는 피할 수 있었다. 나아가 권위주의 체제의 억압에서 벗어나면서 생겨나는 '참여 폭발'이 의회 내 너무 많은 정당의

출현으로 이어지는 분절화fragmentation의 위험도 피할 수 있었다
(강원택, 2023: 375~389).

이와 같이 우리가 안정적으로 민주적 공고화를 이뤄낸 데에는
민주화 초기에 국가를 이끌었던 노태우·김영삼·김대중 대통령
의 시대 인식과 정치력이 기여했다. 노태우 대통령은 권위주의
로부터 민주주의로 이행하는 '체제 전환기'의 상황에서 북방정
책과 같은 성공적 대외정책뿐만 아니라 인내와 절제로 국내 정
치적으로도 탈권위주의 작업을 잘 이끌었다.

김영삼 대통령은 무엇보다 민주화 초기라는 불안정한 상황
에서 구체제의 유산을 정리하는 역할을 했다. 헌팅턴이 말한 신
생 민주주의 국가의 두 가지 어려운 과제, 즉 군부의 탈정치화
praetorian problem와 권위주의 체제하의 인권 유린 등의 문제
torturer problem가 김영삼 대통령 시기에 다루어졌다(Huntington,
1991: 208~253).

김대중 대통령은 권위주의 체제에서 죽을 뻔한 고비를 넘기
고 최초의 여야 간 정권교체를 이뤄 냈다. 그러나 집권 후 김대
중 대통령은 화해와 통합의 정치를 펼쳤다. 자신을 핍박한 전두
환 대통령과 박정희 대통령을 정치적으로 용서하고 포용했다.

비유하자면, 노태우 대통령은 권위주의 체제에서 민주화 시
대로의 이행이 안정적으로 이어지도록 하는 징검다리 역할을 했

다. 김영삼 대통령은 민주주의 진전을 가로막은 장애물을 제거하는 역할을 했고, 김대중 대통령은 화해와 통합으로 민주화의 새 질서가 공고화될 수 있도록 하는 역할을 했다. 이들이 주도한 '87년 체제'는 이런 과정을 통해 안정화되었다.

그러나 그 이후부터 87년 체제는 조금씩 흔들리기 시작했다. 87년 체제는 '국민의 손으로 대통령을 뽑자'는 대통령 직선제가 핵심이다. 즉, 대통령제와 직선제가 함의하는 절차적 민주주의가 87년 체제의 핵심이다. 우선 대통령제가 도전받기 시작했다. 유신체제 이래 한국의 대통령은 헌법에서 '국가원수'로 규정하고 있다. 권위주의 체제가 만들어 낸 표현이지만 국가의 최고 영도자로서의 권위를 상징하는 것이다. 이 대통령의 권위가 도전받기 시작했다.

2004년 3월 12일 노무현 대통령에 대한 탄핵안이 국회를 통과했다. 헌정사상 최초의 대통령 탄핵이었다. 곧이어 실시된 2004년 17대 국회의원 선거에서 여당인 열린우리당이 단독 과반 의석을 얻으며 승리했고, 헌법재판소에서도 탄핵안을 기각했다. 하지만 '제왕적'이었던 대통령의 권위가 의회에 의해 도전받은 첫 사례였다.

이명박 대통령은 2007년 12월 대통령 선거에서 경쟁 상대였던 정동영 후보를 530만 표 이상의 큰 차이로 이기고 당선되었다. 2008년 4월 실시된 18대 국회의원 선거에서도 여당인 한나라당은 299석 중 153석을 얻었다. 대선과 총선을 모두 압승한 것이다. 하지만 5월부터 이른바 '광우병 집회'가 열렸고 상당 기간 동안 국정이 마비될 정도로 큰 영향을 미쳤다. 훗날 이는 잘못된 정보와 근거 없는 공포에 기초한 것으로 드러났다. 선거 승리에도 불구하고 대통령의 권위는 도전받았던 것이다.

박근혜 대통령은 2016년 4월 총선에서 공천을 둘러싸고 여당과 갈등을 빚었고, 선거 패배 이후 지지율이 하락했다. 또한 그해 10월부터 이른바 '국정농단 사건'으로 지지율이 급락했으며, 이 사건은 대규모 촛불집회로까지 이어졌다. 결국 2016년 12월 국회에서 박 대통령에 대한 탄핵안이 통과되었고, 2017년 3월 헌법재판소가 이를 인용하면서 헌정사상 최초로 탄핵으로 물러나게 되었다.

문재인 대통령은 코로나 팬데믹 와중에 실시한 2020년 국회의원 선거에서 여당이 승리하면서 통치에 유리한 환경을 맞이한다. 더불어민주당이 180석을 얻어 103석을 얻은 미래통합당에 압승을 거둔 것이다. 하지만 2019년 9월 문재인 대통령의 조국 법무부 장관 임명은 격렬한 사회적 갈등을 불러일으켰고, 취임식 때 '모두의 대통령'이 되겠다고 한 문 대통령은 '반쪽의 대통령'이 되었다.

이처럼 윤석열 대통령 이전에도 노태우·김영삼·김대중 대통령 이후에는 모든 대통령의 권위가 도전받았다. 1987년의 민주화는 대통령을 민주적으로 선출하도록 했지만, 과거 권위주의 시대의 대통령제를 뒷받침해 온 관료조직과 관행 속에 내재된 역사적으로 축적되고 강화된 권력을 해체하는 시도는 하지 않았다. 87년 체제는 '강하고 제왕적'일 수 있는 대통령을 민주적 절차에 의해 선출하도록 했다(강원택, 2021: 76~77).

하지만 노무현 대통령 집권기부터 '제왕적'으로 보이던 대통령의 권위에 대한 도전이 일반화되었다. 대통령의 권위에 대한 도전은 2016년 박근혜 대통령 탄핵 이후에는 제도적 안정성의 약화로까지 이어졌다. 대통령제는 임기의 고정성을 그 특징으로 한다(강원택, 2022: 47~62). 즉, 일단 대통령에 당선되면 정해진 임기 동안 소신 있게 국정을 이끌어 갈 수 있다. 내각제에도 임기가 정해져 있지만, 그것은 의회의 신임을 받는 동안 지속될 수 있다. 불신임을 결의하면 내각은 물러나게 된다. 임기 중단의 우려 없이 그 기간 동안 소신껏 국정을 이끌 수 있다는 것이 대통령제의 특성이다. 그러나 박근혜 대통령이 탄핵되면서, 이제 당선된 대통령의 정치적 반대자들은 임기가 마칠 때까지 기다리기보다 탄핵을 통해 중도에 하차시킬 수 있다는 것을 알게 되었고 실제로 그렇게 움직이기 시작했다.

2022년 3월 대선을 통해 윤석열 후보가 당선되고 5개월 뒤인 8월부터 '촛불승리전환행동(촛불행동)'이라는 단체는 윤석열 탄핵을 외치기 시작했다. 2004년 9월부터는 '윤석열 탄핵 100일 총력 운동'을 전개했다. 심지어 야당 의원들도 탄핵 집회에 참석했다.[1] 신임 대통령의 당선 직후부터 탄핵 운동이 전개된 것이다. 마침내 윤석열 대통령 탄핵안이 2024년 12월 14일 국회에서 통과되었다. 노무현·박근혜·윤석열까지 세 명의 대통령에 대한 탄핵안이 국회를 통과한 것이다.

노태우·김영삼·김대중 이후인 2003년부터 2024년까지 산정하면, 21년 사이에 5명의 대통령이 선출되었고 이 가운데 3명이 국회에서 탄핵되었다. 이제는 대통령 탄핵이 "특별하지 않은 일"이 된 셈이다. 그만큼 대통령제가 제도적으로 전제하는 임기의 고정성이라는 특성은 사실상 허물어졌고, 그 특성이 보장하던 정치적 안정성도 심각하게 훼손되었다.

이렇게 대통령의 권위가 도전받고, 대통령제의 안정성이 무너진 것은 선출된 대통령의 충원 과정과도 관련이 있다. 과거 김영삼, 김대중, 김종필과 같이 오랜 기간의 의회 경력을 갖춘 인물들

---

1 "촛불행동, 윤 대통령 탄핵 위한 100일 행동 선언", 〈오마이뉴스〉(2024. 8. 18). 이 행사에 참가한 야당 의원들은 더불어민주당 강득구·김준혁·양문석 의원과 사회민주당 한창민 의원이다.

이 정치를 이끌었을 때에는, 이들의 인물됨과 성격, 리더십이 이미 검증 과정을 거쳤고 그에 따른 권위와 카리스마가 존재했다. 노태우 대통령은 정치 경력이 길지는 않았지만 군인으로서의 리더십을 갖추었고, 권위주의 체제를 뒷받침해 온 유능하고 역량 있는 참모진의 도움을 받았다.

그러나 2002년 노무현은 새로 도입된 새천년민주당의 국민참여경선으로 말 그대로 '혜성처럼' 등장했다. 참신함과 그에 따른 변화의 기대감은 주었지만, 그동안 국민에게 익숙했던 '국가 최고 영도자'로서의 위엄과 권위는 가질 수 없었다. 재임 중 논란을 일으킨 신중하지 못한 언행 역시 대통령 권위의 무게감을 낮췄다.

이런 문제는 이명박 대통령이나 윤석열 대통령 모두에게 해당된다. 이명박 대통령은 국회의원 재선, 서울시장을 역임했으나, 이전 3김 시대 리더들의 무게감을 갖기는 어려웠고, 정치 지도자보다 성공한 기업인의 이미지가 강했다. 윤석열 대통령은 검찰에서 물러나면서 정치에 입문했기 때문에 정치 경력이 전무한 상황에서 대통령에 출마하여 당선되었다.

박근혜·문재인 대통령은 국회의원 경력이 있고 당 대표까지 거쳤지만, 대통령이 된 데는 본인의 리더십보다 각각 박정희·노무현 대통령의 후광을 입은 효과가 큰 영향을 미쳤다. 그들만의 고유한 위엄과 권위를 갖추지 못했다고 볼 수 있다. 과거에 익숙했던 '대통령다움'이라는 위엄의 부재가 대통령 권위에 대한 '손쉬운' 도전으로 이어지고 있는 것이다.

　이러한 현상이 생겨난 것은 정치적 아웃사이더의 등장과도 긴밀한 관련이 있다. 내각제에서는 최고 권력을 잡으려면 정당에 소속되고 정당에서 경력을 쌓아 나가는 검증 과정을 거쳐야 한다. 당내 동료 의원들에게서 역량을 인정받아야 하고 당원이나 지지자들, 그리고 유권자들로부터도 검증을 받아야 한다. 그러나 대통령제에서는 "후보가 되는 데 어떤 시험을 통과해야 하는 것도 아니고, 어떤 조직의 지지를 꼭 받아야 할 필요도 없으며, 심지어 공직 선출 경험이 전혀 없어도 상관이 없다"(Linz, 1994: 28).

　이런 아웃사이더의 부상은 정당체제가 불안정하고 유동적이며 기존 정당정치가 유권자의 요구에 적절하게 대응하지 못할 때 나타난다. 기존 정치권 전반에 대한 불만과 불신은 정치 경험이 없지만 선동적인 아웃사이더의 등장을 부를 수 있다. 그러나 정치적 아웃사이더란 결국 국가 운영에 대한 충분한 경험이나 준비가 덜 된 '아마추어'를 의미한다(강원택, 2022: 82).

　왕조 시대에는 세자를 책봉하고 미리 당대의 최고 석학으로부터 왕도를 익히게 했으나, 실제로 성군聖君이 되는 경우는 흔치 않았다. 그만큼 국가 경영은 어렵고 막중하다. 국민 직선의 대통령중심제하에서는 국가 경영 수업을 할 겨를도 없고 또 그러한 장치도 없다. 누구든 표심만 잘 잡는 인기 영합에 능한 사람은 대통령이 될 수 있다. 결국 국민 입장에서는 검증되지 않은, 또 본인 입장에서는 준비되지 못한 사람이 대통령이 될 수도 있다(황인정, 2009: 210~211).

앞서 살펴본 대로, 민주적 공고화 과정이 안정적으로 이뤄졌던 것은 오랜 의회정치를 통해 정치적 경륜과 역량을 쌓은 엘리트들이 정치를 이끌었기 때문이다. 정치적 경험이 없는 외부자 outsider의 등장에 더해, 상대방에 대한 적대감에 기반한 양극화 정치하에서는 오로지 '우리 편의 승리'에만 집중한 나머지 그 후보가 어떤 인물인지 제대로 모르고 투표하는 경향도 나타난다.

대통령 후보들은 정치 지도자로서의 이전 경력을 필요로 하지 않으며, 종종 그런 경험을 갖지 못한 이들이 나선다. 그들은 특정한 이념이나 강령, 정치적 역정을 가진 정당과 차별화할 수 있고, 따라서 그의 내각에서 일하게 될 만한 인물들에 대해 거의 정보를 가질 수 없다. 대통령 후보의 선택은 종종 한 개인에 대한 의견, 성격, 약속보다 솔직히 말하면, 후보자가 연출하는 이미지에 기반하여 이뤄진다. 그 이미지는 (정치인이 아닐 수도 있는) 보좌진에 의해 선택된 것일 수 있다. 이러한 점은 우리 시대의 '비디오 정치'하에서 더욱 그러하다(Linz, 1994: 11).

정치적 외부자의 당선은 대통령 선거 이후 정치력 실종으로 이어진다. 통치 과정에서도 주요 직책이 사전에 오랫동안 검증된 인물들보다 '대선 캠프' 출신 인사들이나 당선자의 개인적 인연에 의존하여 채워진다. 인사 문제로 대부분의 대통령이 언제나 임기 초반에 휘청거리게 되는 것도 이 때문이다. 결국 정당과 무관한 통치가 이루어지게 되고, 이는 당정 관계에서 불협화음을 낳으며, 통치력 약화로 이어지게 된다.

윤석열 대통령은 정치 경력이 전무한 상황에서 대통령이 되었다. 윤 대통령은 대통령 후보로 나서기 전까지 검사로만 재직했고 정치 경험이 전혀 없었다. 더욱이 2022년 대통령 선거에서 경쟁자인 이재명 후보와 득표율 차이가 불과 0.73%p였다. 정치적으로 해석하면, 2022년 대통령 선거는 사실상 무승부로 끝난 셈이다.

그러나 정치적 아웃사이더인 윤석열은 선거를 통해 표출된 민심을 그렇게 받아들이지 않았고, 100%의 권력이 자신에게 위임되었다고 받아들였다. 윤석열의 대통령 취임 때부터 여소야대였고, 2024년 22대 국회의원 선거에서는 여당인 국민의힘이 300석 가운데 108석을 얻는 참패로 대통령 입장에서는 이전보다 더 어려운 여소야대 정국이 만들어졌다.

이렇게 된 것은 상대 정당에 대한 거부감이나 당파적 편향을 넘어설 정도로 윤석열 대통령의 리더십이나 국정운영에 대한 불만이 컸기 때문이겠지만, 동시에 윤석열 대통령의 지지 기반이 과거 대통령과 다르다는 점도 영향을 미친 것으로 보인다. 윤석열 대통령은 대통령 후보로 나서기 전까지 검사로만 재직해 왔고 정치 경험이 전무했다. 정치적으로 검증되지 않은 인물이었지만, 검찰총장 시절 문재인 대통령과 갈등을 빚으면서 야당의 대통령 후보가 되었다. 그리고 부동산 정책 실패 등으로 인한 문재인 정부에 대한 불만 속에 치러진 선거에서 승리했다.

그렇지만 이와 같은 '갑작스러운 정치인으로의 변신'은 그에 대한 안정적이고 충성스러운 지지층을 확보하기 어렵게 만들었다. 강고한 지역의 지지 기반을 가졌던 김영삼·김대중, 386세대라는 세대와 이념에 기반한 지지를 동원해 낸 노무현, 박정희와 노무현의 후광을 각각 입은 박근혜·문재인과 달리 윤석열 대통령은 자신만의 든든한 지지 기반을 갖지 못했다. 윤석열 대통령에 대한 지지율은 30% 선을 넘기 어려웠는데, 업무 수행에 대한 불만 때문도 있겠지만 애당초 안정적 지지 기반이 결여되어 있다는 점이 더 중요한 원인으로 보인다.

이런 이유로 윤석열 대통령의 업무 수행이나 리더십에 대한 부정적 평가는, 정파적 충성심이나 정치인과의 오랜 유대감이라는 정치

적 완충장치를 갖지 못한 채 즉각적이고 직접적으로 내려지게 되었
다. 이런 상황에서 윤석열 대통령의 불통과 고집의 이미지, 그리고
대통령 부인의 구설수라는 개인적 요소가 유권자의 불신으로 이어
졌다. 특히 선거에 임박한 상황에서 발생한 논란에 대한 늦은 대처
는 윤 대통령에 대한 부정적 이미지를 더욱 강화했다(강원택, 2024:
38~39).

앞서 인용된 글에서 언급했듯이, 윤석열 대통령은 여소야대 정
국에서 야당을 압박할 수 있는 정치 자원인 지지율도 높지 않았
다. 〈그림 1-1〉에서 보듯이 취임 직후를 제외하면, 윤 대통령의
지지율은 대체로 30% 수준에 머물렀다. 다른 대통령에게서 볼
수 있는 6개월에서 1년 정도의 이른바 '밀월기honeymoon period'
조차 없었다. 국회에서 다수 의석을 차지한 여당의 도움을 받을
수 없었을 뿐만 아니라 처음부터 낮은 지지율로 인해 국민 사이의
높은 인기로 야당을 압박할 수도 없었다.
　이러한 어려운 상황을 맞이했다면, 대통령은 야당과의 타협과
양보를 통한 합의 도출이라는 정치력을 발휘하면서 정치적 난국
을 헤쳐 나가야 했다. 2022년 3월 10일 당선 기자회견에서 윤석
열은 "의회와 소통하고 야당과 협치하겠다. 국정 현안을 놓고 국
민들과 진솔하게 소통하겠다"라고 말했다.[2] 하지만 이 말은 전혀

그림 1-1 윤석열 대통령의 지지율 변화

(단위: %)

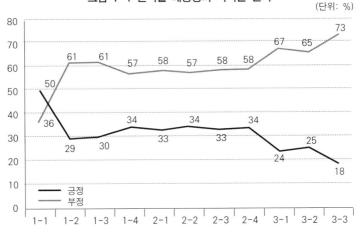

주: 1-1은 취임 1년차 1/4분기, 2-1은 2년차 1/4분기, 3-1은 3년차 1/4분기를 뜻한다.
출처: 〈한국갤럽 데일리 오피니언〉, 612호(2025년 2월 3주).

지켜지지 않았다. 오히려 일방적이고 권위적인 방식으로 국정을 이끌었다. 이러한 승자독식의 인식, 일방적이고 권위적인 국정 운영은 의회를 장악한 야당과 잦은 대립, 격렬한 충돌로 이어졌고, 결국 정치적 파국으로까지 이어졌다.

한국 정치사에서 최초로 여소야대 정국이 출현한 때는 1988년 13대 국회의원 선거 이후이다. 당시 여당인 민주정의당은 국회의석 299석 가운데 125석을 차지하여 의석 점유율이 41.8%에

2　"윤석열 정부 1년 평가: 협치 실종 1년 … 여의도에서 배울 건 배워야", 〈매일일보〉 (2023. 5. 9).

불과했다. 나머지 의석은 야당인 김대중의 평화민주당, 김영삼의 통일민주당, 그리고 김종필의 신민주공화당이 차지했다.

13대 국회 개원식에 직접 참석한 노태우 대통령은 치사를 통해 "수적 우위에 의한 집권당의 일방적 독주와 강행이 허용되던 시대도, 소수당의 무조건 반대와 투쟁의 정치가 합리화되던 시대도 지나갔다"라고 말했다(최준영, 2012: 74). 노태우 대통령은 야당 당수와 자주 만남을 가졌고, 여당이 반대하는 법안이 야당 주도로 국회에서 통과되는 경우 거부권을 행사하더라도 다시 여야 간 타협을 통해 합의된 법안을 만들어 냈다. '국정감사 및 조사에 관한 법률안'이나 '국회에서의 증언·감정 등에 관한 법률 개정안'(최준영, 2012: 75)과 '지방자치법 개정안'이 이에 해당한다.

그러나 윤석열 대통령은 이러한 정치력을 발휘하지 못했다. 2024년의 정치적 파행은 일차적으로 정치적 경험이 없는 아웃사이더 대통령이 보여 준 정치력의 부재와 무능한 리더십 탓이라 할 수 있다. 어쩌면 정치 경험이 전무한 채 '정치'에 대한 부정적 인식을 갖고, 평생 '죄 있고 없음' 혹은 '법률에 저촉됨 또는 저촉 안 됨'이라는 이분법적 논리에만 익숙했던 법률가를 대통령으로 선출했을 때, 이런 정치적 파행과 파국은 이미 예정되어 있었는지도 모른다.

3. 이원적 정통성과 여소야대 정국

2024~2025년에 비상계엄-탄핵 정국이 도래한 것은, '87년 체제'가 운영되어 온 특성에서 볼 때, 야당에도 상당한 책임이 있다. 앞서 논의한 대로, 87년 체제가 지속되도록 해 온 대통령제의 작동 방식의 변화뿐만 아니라, 또 다른 중요한 축인 의회정치의 변화 역시 파국적 정치를 이끄는 데 영향을 미쳤다.

여소야대 상황은 민주화 이후 한국 정치에서 일반적인 현상이 되었다. 〈표 1-1〉는 민주화 이후 국회의원 선거에서 여소야대가 만들어진 상황을 정리한 것이다. 10번의 선거 가운데 6번 집권당이 국회의원 선거에서 절반 이상의 의석을 차지하지 못했다.

표 1-1 국회의원 선거와 여소야대 정국의 등장

국회	여당	의석 비율(%)	여소야대
13대 (1988년)	민주정의당	41.8	○
14대 (1992년)	민주자유당	49.8	△1)
15대 (1996년)	신한국당	46.5	○
16대 (2000년)	새천년민주당2)	42.1	○
17대 (2004년)	열린우리당	50.8	×
18대 (2008년)	한나라당	51.2	×
19대 (2012년)	새누리당	50.7	×
20대 (2016년)	새누리당	40.7	○
21대 (2020년)	더불어민주당/더불어시민당	60.0	×
22대 (2024년)	국민의힘/국민의미래	36.0	○

주: 1) △는 선거 결과는 여당 의석이 과반이 되지 않았으나 선거 직후 의원 충원으로 과반 의석을 확보한 경우이다.
  2) 새천년민주당과 공동정부였던 자유민주연합(자민련)의 의석을 합하면 48.4%이다.

여소야대의 발생이 특별하지 않은 상황이 된 것이다.

여기에 1997년 김대중, 2002년 노무현, 2017년 문재인, 그리고 2022년 윤석열처럼, 선거 시기의 차이로 인해 국회 과반 의석을 차지하지 못한 정당의 후보가 대통령으로 선출되면서 취임과 함께 여소야대에 놓이는 경우도 종종 발생한다. 또한 열린우리당 시절처럼 대통령 임기 중 의원직 상실이나 여당 의원의 탈당으로 집권당 의석이 절반 아래로 줄어드는 경우도 생겨난다.

하지만 잦은 여소야대의 출현에도 과거에는 2022년 이후 국회에서와 같은 극단적 대결과 그로 인한 2024년 파국의 정치와 같은 경우로까지 이어진 사례는 없었다. 그렇게 된 데는 1988년 13대 국회 때 성립된 '합의제 방식'의 정치 관행이 중요한 역할을 했다. 예컨대, 민주화 이전의 원 구성 방식은 다수당majority party이 국회의장을 비롯해 모든 상임위원회 의장직을 독점했지만, 13대 국회부터 각 정당 의석수에 비례하여 상임위원장을 배분하도록 했다.

민주화 이후 지역주의에 기초한 다당제가 등장하면서 총선을 통하여 제1당이 국회의 안정 과반수 의석을 확보할 수 없는 정치적 상황이 지속되었다. 이러한 정치 상황의 변화와 정당 다원주의의 대두로 인해 원내 다수당이 국회 권력을 독점할 수 없게 되었다. 특히 정당 구도의 빈번한 변화는 원 구성 협상의 선례를 무의미하게 만들고, 협상

때마다 정당 간의 경쟁을 통하여 합의에 도달해야 하는 상황을 만들었다. 그 결과 국회직 배분에 있어 승자독식 방식이 사라지고 정당 간의 협상을 통한 합의에 의해 국회직을 배분하는 방식이 등장하게 되었다(유병곤, 2006: 101).

이렇게 만들어진 관행은 1990년 1월의 3당 합당 이후에도 유지되었다. 예컨대, 13대 국회 후반기 원 구성은 3당 합당에 따른 거대 여당의 출현 속에 이뤄졌지만, 당시 의석의 79.2%를 차지하던 민주자유당은 상임위원장 자리의 25%를 야당인 평화민주당에 할당했다(강원택, 2023: 114~115). 이런 국회의 합의제 관행은 그 후 이른바 국회 선진화법이 만들어지면서 더욱 강화되었다.

(제13대 국회부터 제18대 국회까지의) 의사규칙은 '권위주의 유산과 민주화 유산의 혼재'로 특징지을 수 있다. 민주화 이후 합의주의 원칙이 강조되면서 직권상정 및 위원회 의사일정 작성 등에서 여야 '협의'를 요구하는 조항이 신설되고 의원 개인과 소수에 대한 제한 장치들도 일부 해제되었지만, 직권상정제를 비롯하여 권위주의 시기에 도입된 상당수 규정이 그대로 유지되었다. … 국회법 개정은 18대 국회 말에 이루어졌지만 실제 적용은 제19대 국회부터였다. 가장 큰 변화는 직권상정제도의 사실상 폐지이다. 나아가 다수파는 의사촉진

수단을, 소수파는 의사지연 수단을 각각 새로이 제도화하였다. 원내 다수파뿐만 아니라 원내 소수파 역시 강한 의사통제권을 구비하게 되었음을 의미한다(박찬표, 2016: 90).

이 때문에 "여당(다수당)은 공식 제도로서 국회법에 보장된 다수제를 적용하고자 하며, 야당(소수당)은 비공식 제도의 관행으로 지속되어 온 합의제를 활용하고자 한다. 이들 간의 상호작용 결과 나타나는 국회 입법 교착은 합의제에 기초하여 야당(소수당)의 거부권이 작동된다"(박용수, 2020: 68; 대괄호 안 내용은 필자가 추가함)는 것이었다.

그러나 2020년 총선 이후 21대 상반기 원 구성 당시 180석 의석으로 압도적 다수 의석을 차지한 더불어민주당이 야당과 협상이 결렬되자 모든 상임위원장 의석을 독점한 바 있다(강원택, 2023: 114). 21대 총선을 위한 국회의원 선거법 개정 역시 제1야당이던 자유한국당의 반대 속에서 여당인 더불어민주당과 소수 야당 간의 이른바 '4+1'(더불어민주당·바른미래당·정의당·민주평화당 + 대안신당)에 의해 통과되었다. 정치적 경쟁의 규칙이라고 할 수 있는 선거법이 여야 합의 없이 처리된 것 역시 이때가 처음이다. 2020년 이후 정파적 양극화가 심각해진 상황에서 87년 체제를 유지해 온 의회정치의 합의제 관행이 약화되기 시작했다.

표 1-2 민주화 이후 역대 대통령의 거부권 행사

대통령	노태우	김영삼	김대중	노무현	이명박	박근혜	문재인	윤석열
횟수	7	0	0	4 (6)[1]	1	2	0	25 (42)[2]

주: 1) 노무현 대통령이 탄핵소추로 직무정지된 상태에서 고건 권한대행이 두 차례 행사한 것 포함.
　　2) 윤석열 대통령이 탄핵으로 직무정지된 상황에서 한덕수·최상목 권한대행이 행사한 것 포함.

　　이러한 합의제 관행은 윤석열 정부 출범 이후 더욱 급속하게 약화되기 시작했다. 이렇게 된 데에는 정치적 교착을 풀기 위한 정치력을 발휘하지 못한 윤 대통령에게 일차적인 책임이 있지만, 야당 역시 그 책임에서 자유로울 수는 없다. 〈표 1-2〉는 민주화 이후 각 대통령이 거부권을 행사한 횟수를 정리한 것이다. 다른 대통령에 비해, 윤석열 대통령이 압도적으로 많은 수의 거부권을 행사했다는 것을 알 수 있다. 입법 갈등이 정치적으로 해소되지 못하고, 행정권을 장악한 대통령과 입법권을 장악한 야당 간 힘겨루기가 지속되었음을 알 수 있다. 윤 대통령이 거부권을 행사한 25개 법안 중 단 두 개만이 여야 간 협의를 통해 통과되었다.

　　그런데 윤석열 대통령이 거부권을 행사한 법안의 내용에 대해 살펴볼 필요가 있다. 김건희 특검법과 채상병 특검법은 세 차례나 야당이 단독으로 국회에서 입법안을 통과시켰다. 특히 김건희 특검법은 윤 대통령 탄핵 이후에도 네 번째로 통과시켰다.

표 1-3 윤석열 대통령의 거부권 행사 법안

날짜	거부 법안	건수	비고
2023. 4. 4	• 양곡관리법 개정안	1	
2023.5.16	• 간호법 제정안	1	2024.8.28 국회 통과
2023.12.1	• 노란봉투법(노동조합, 노동관계조정법 개정안) • 방송 3법(방송법, 방송문화진흥법, 한국교육방송법 개정안)	4	
2024.1.5	• 쌍특검법(김건희 도이치모터스 주가조작 의혹, 대장동 50억 원 클럽 특별검사법안)	2	
2024.1.30	• 이태원참사특별법(10·29 이태원 참사 피해자 권리 보장과 진상 규명 및 재발방지를 위한 특별법안)	1	2024.5.2 국회 통과
2024.5.21	• 채상병 특검법(순직해병 진상 규명 방해 사건 및 사건 은폐 등의 진상 규명을 위한 특별검사 임명 등에 관한 법안)	1	
2024.5.29	• 전세사기특별법 개정안 • 민주유공자법 제정안 • 농어업회의소법 제정안 • 지속가능한 한우산업지원법 제정안	4	
2024. 7. 9	• 채상병 특검법	1	
2024.8.12	• 방송 4법(방송통신위원회법, 방송법, 방송문화진흥법, 한국교육방송법 개정안)	4	
2024.8.16	• 노란봉투법 • 전국민 25만 원 지원법(민생회복지원금 지급특별조치법)	2	
2024.10.2	• 김건희 특검법 (윤석열 대통령 배우자 김건희의 주가조작 사건 등 진상규명을 위한 특별검사 임명 등에 관한 법률안) • 채상병 특검법 • 지역화폐법 (지역사랑상품권 이용활성화법 개정안)	3	
2024.11.26	• 김건희 특검법	1	
합계		25	

출처: 〈연합뉴스〉(2024. 10. 2) 재구성.

내란특검법은 탄핵 이후 두 차례 통과시켰고, 노란봉투법은 두 차례, 양곡관리법은 윤석열 대통령 재임 중 1회, 탄핵 가결 후 1회, 두 차례 통과시켰다. 야당이 이슈가 생겨났을 때 이를 정치 쟁점화하는 수준을 넘어 반복적으로 입법화하면서 사실상 실제 입법으로 이어지도록 압박해 왔음을 알 수 있다.

한편, 야당이 주도해 통과시킨 법안 중에서 양곡관리법, 이른바 노란봉투법, 전세사기특별법, 농어업회의소법, 한우산업지원법, 전국민 25만 원 지원법, 지역화폐법, 초중등교육법 개정안, 지방교육교부금법 등은 행정부의 국정운영과 관련된 정책 사안이라는 것을 알 수 있다. '25만 원 지원법'은 이재명 대표가 국회의원 선거 때 공약으로 제시했던 것이기도 하다.

그동안 한국에서 잦은 여소야대에도 그것이 여야 간 극한적 대립과 정치적 불안정으로 이어지지 않은 까닭은 "대통령과 행정부의 국정 주도에 대한 인정", 그리고 국회는 이에 대한 비판과 견제라는 각 기구의 역할에 대한 여야의 공감대가 존재했기 때문이다. 이는 사실 제헌국회 이래 변함없이 한국 정치에서 이어져 온 정치의 작동 원리이자 중요한 관행이었다.

그러나 이런 법안을 야당이 주도하는 것은, 대통령 중심의 정부-여당의 국정 주도권을 인정하고, 야당은 이에 대한 문제를 제기하고 비판하는 수준에서 벗어났음을 의미한다. 의회를 장악한 야당이 스스로 주요 정책 사안과 관련된 주요 법안을 입법하면서 국정을 주도하려는 태도를 보이게 된 것이다.

〈표 1-4〉에서 보듯이, 야당은 윤석열 대통령이 국회 탄핵으로 직무가 정지된 상태에서도 그 이전에 거부권을 행사했던 법안을 포함해 '농업 4법'이나 '초중등교육법 개정안'처럼 정책 방향을 결정하고 그 집행에 영향을 미치는 법안을 계속해서 통과시켰다.

표 1-4 윤석열 대통령 탄핵 이후 거부권 행사 법안

날짜	거부 법안	건수	주체
2024.12.20	• 농업 4법(양곡관리법 개정안, 농수산물가격안정법 개정안, 농어업 재해대책법 개정안, 농어업재해보험법 개정안) • 국회증언감정법 개정안 (개인정보 · 영업비밀이라도 국회 제출 거부를 금지) • 국회법 개정안 (정부의 예산안 부수 법안의 본회의 자동 부의를 폐지)	6	한덕수 국무총리 겸 대통령 권한대행
2024.12.31	• 내란특검법 • 김건희 특검법	2	최상목 경제부총리 겸 대통령 권한대행
2025. 1.14	• 지방교육교부금법 개정안	1	
2025. 1.21	• 반인권적 국가범죄의 시효 등에 관한 특례법 제정안 • 초중등교육법 개정안 (AI 디지털 정책에 제동) • 방송법 개정안 (KBS · EBS 방송수신료 징수방식 복원)	3	
2025. 1.31	• 내란특검법	1	
2025. 3.14	• 명태균과 관련한 불법 선거 개입 및 국정농단 사건 등의 진상규명을 위한 특별검사의 임명 등에 관한 법률안	1	
2025. 3.18	• 방송통신위원회의 설치 및 운영에 관한 법률 개정안	1	
2025. 4. 1	• 상법 개정안	1	한덕수 국무총리 겸 대통령 권한대행
2025. 4.29	• 헌법재판소법 개정안	1	
합계		17	

주: 2025년 4월 30일 현재.

대통령 권한대행은 그런 법안에 대해 거부권을 행사했다. 대통령의 직무가 정지된 상황에서도 여야 간 이견이 크고 정부 정책 기조와 다른 법안을 잇달아 입법화한 것은 대통령을 향한 정치 공세 수준을 넘는 정도로 야당이 입법권을 행사했음을 보여 주는 사례다.

'87년 체제'에서 대통령과 국회라는 각 기관의 역할에 대한 전통적 인식과 관행의 붕괴는 대통령 인사의 견제에서도 마찬가지로 나타났다. 과거 대통령 인사에 대한 야당의 견제와 비판은 인사청문회에서 인사 후보자의 검증 과정을 통해 주로 행해졌다. 인사청문회 제도는 김대중 대통령 때 도입되었고, 노무현 정부 때 검찰총장, 국정원장 등과 국무위원까지 그 대상이 확대되었다. 인사청문회는 대통령의 인사를 야당이 견제할 수 있도록 하는 효과적인 제도였다.

인사청문회 이외에 과거에 야당이 대통령의 인사 문제를 정치 쟁점화할 때 사용한 제도는 국무위원 해임건의안이다. 해임건의안은 통과되더라도 꼭 해임시켜야 하는 구속력을 갖는 제도는 아니다. 하지만 논란의 대상이 된 국무위원에 대한 해임건의안을 통과시킴으로써 이 사안을 정치적으로 주목받는 쟁점으로 만들 수 있다. 그동안 야당은 국무위원 해임건의안조차 매우 조심스럽게 사용했다. 〈표 1-5〉에서 보듯이, 윤석열 정부 출범 이전까지 국회에서 통과된 국무위원 해임건의안은 세 차례에 불과했다.

표 1-5 민주화 이후 국회에서 통과된 국무위원 해임건의안

시기	국무위원 이름·부서	대통령	야당	결과
16대 국회 (2001년)	임동원 통일부 장관	김대중	한나라당	사임
16대 국회 (2003년)	김두관 행정자치부 장관	노무현	한나라당	사임
20대 국회 (2016년)	김재수 농림축산식품부 장관	박근혜	더불어민주당, 국민의당, 정의당	해임건의 거부
22대 국회 (2022년)	박진 외교부 장관	윤석열	더불어민주당	해임건의 거부
22대 국회 (2022년)	이상민 행정안전부 장관	윤석열	더불어민주당	해임건의 거부
22대 국회 (2023년)	한덕수 국무총리	윤석열	더불어민주당	해임건의 거부

표 1-6 윤석열 정부 시기에 국회에서 탄핵된 고위 공직자

날짜	이름·부서
2023. 2. 8	이상민 행정안전부 장관
2023. 9. 21	안동완 검사
2023. 12. 1	손준성 검사
2023. 12. 1	이정섭 검사
2024. 8. 1	이진숙 방송통신위원장
2024. 12. 5	최재해 감사원장
2024. 12. 5	이창수 서울중앙지방검찰청장
2024. 12. 5	조상원 차장검사
2024. 12. 5	최재훈 부장검사
2024. 12. 12	박성재 법무부 장관
2024. 12. 12	조지호 경찰청장
2024. 12. 14	윤석열 대통령
2024. 12. 27	한덕수 권한대행 겸 국무총리

출처: 〈매일신문〉(2024. 12. 30; 2025년 3월 22일 검색).

하지만 윤석열 정부 출범 이후 세 차례 국무위원 해임건의안이 통과되었다. 그중에는 한국 정치사상 최초로 총리에 대한 해임건의안도 포함되었다.

여기서 더 나아가 야당은 윤석열 정부의 고위 공직자 탄핵안을 잇달아 통과시켰다. 민주당이 주도하는 범야권은 윤석열 정부 출범 이후 2년 7개월 동안 모두 31번 탄핵안을 발의했고, 〈표 1-6〉에서 볼 수 있듯이 이 가운데 13건을 본회의에서 통과시켰다. 헌정사상 이루어진 탄핵심판이 총 16건인데, 그중 13건이 윤석열 정부 인사에 대한 탄핵소추였다.[3]

국회 동의가 필요한 일부 고위 공직자를 제외한 인사청문회나 국무위원 해임건의안과 달리, 탄핵소추는 대통령 인사권에 대한 직접적인 개입이 된다. 헌법 제65조 제3항에서는 "탄핵소추의 의결을 받은 자는 탄핵심판이 있을 때까지 그 권한 행사가 정지된다"고 규정한다. 대통령의 인사권에 대한 견제나 비판 수준을 넘어 인사권 행사를 방해하는 수준의 개입이라고 할 수 있다.

이뿐만 아니라 윤석열 대통령 탄핵 이후 진행된 것이지만, 야당은 예산에도 전례 없이 개입했다. 민주당은 2025년 예산안을 677조 원 규모에서 4조 1,000억 원을 감액해 예산결산특별위원

---

3 "尹 정부에 '탄핵안 29번' … 역대 탄핵심판 16건 중 13건이 尹 정부 관료", 〈중앙일보〉(2024. 12. 28).

회에서 단독으로 처리했고 본회의에서 통과시켰다. 여야 합의 없이 예산안이 통과되거나 감액만 담긴 예산안이 통과된 것은 처음 있는 일이었다.

〈표 1-7〉에서 보듯이, 삭감된 예산 항목 중 전면 삭감으로 예산안을 아예 배정하지 않은 것도 여럿이다. 대통령이 발표한 동해 심해가스전 개발사업은 506억 원 정부안이 9억 원으로 삭감됐다. 사실상 전면 삭감에 가까운 규모다. 예산은 정책을 집행하는 행정부의 활동과 기능에 결정적 영향을 미친다는 점에서 야당 주도의 일방적 삭감은 대통령과 행정부의 국정운영에 직접적 도전이 된다.

표 1-7 정부 예산안 중 야당이 삭감한 예산

항목	정부 원안	최종 확정 예산
예비비	4조 8,000억 원	2조 4,000억 원
대통령실 특수활동비	82억 원	0
검찰 특정업무경비, 특수활동비	587억 원	0
감사원 특정업무경비, 특수활동비	60억 원	0
경찰 특수활동비, 치안활동지원비	31억 원	0
동해 심해가스전 개발(대왕고래 프로젝트)	506억 원	9억 원
전공의 지원 사업	3,678억 원	2,747억 원
청년일자리 강소기업 선정 및 육성 패키지	23억 1,500만 원	9억 원
화물자동차 휴게소 건설지원	15억 원	0
수소충전소 구축	45억 원	31억 5,00만 원
아이돌봄 지원 돌봄수당 등	4,230억 3,800만 원	3,486억 3,800만 원
총예산	677.4조 원	673.3조 원

출처: 〈한국일보〉(2024.12.12).

이처럼 87년 체제에서 대통령과 여당의 국정 주도를 인정하고 견제와 비판도 '일정한 선을 넘지 않았던' 야당의 역할이 윤석열 정부에 들어와 전혀 달라졌다. 야당이 스스로 원하는 정책을 주도적으로 입법하고 실행되도록 압박을 가하며, 직무정지로 몰아갈 수 있는 탄핵소추로 대통령의 인사에 개입했다. 또한 예산안의 대폭 삭감과 같이 정책 집행에도 직접적 영향을 미치게 되었다.

이는 사실상 두 개의 정부가 생겨난 것이다. 그에 따라 국민이 선출한 두 개의 기구, 곧 대통령과 의회 간 국정 주도권을 둘러싼 직접적 대립과 갈등이 빚어지게 되었다. 과거에는 여소야대가 되더라도 일정한 범위의 자제를 지켜왔던 야당이 이를 넘어 대통령의 국정운영에 직접 도전하고 정국을 주도하려는 수준으로 나아가면서 두 개의 힘이 충돌하고 비극적 상황으로까지 이어지게 되었다.

여소야대의 영어 표현대로 'divided government'가 서로 경쟁적으로 국정을 주도하겠다고 나서면서 이들 간의 다툼이 정치체제의 안정성을 해치는 수준으로까지 나아간 것이다. 사실 이런 현상은 이원적 정통성을 갖는 대통령제의 가장 취약하고 위험한 정치적 결과다.

분점정부의 출현이 의회를 장악하고 있는 야당과 대통령 간의 극단적인 힘겨루기로 이어질 때 두 기구 간 정면충돌로 인한 갈등의 최종적 종착지는 정치 활동의 중단이 될 수도 있다. 대통령 쪽에서는 계엄령이나 비상조치 선언, 혹은 군부에 의한 쿠데타 등 비정상적이거나 초법적인 수단을 통해 의회를 압박할 수 있다. 한편 의회 쪽에서는 대통령을 압박하기 위해 탄핵을 시도할 수 있다(강원택, 2022: 64).

윤석열 정부에서 보여 준 야당의 이러한 행동이 문제가 되는 까닭은 이것이 그동안 지켜온 정치적 관행의 파괴이기 때문이다. 향후 여소야대 상황에서 대통령과 의회, 두 기구 간 갈등과 대립은 매우 '거친' 형태로 나타날 수밖에 없다. 다시 여소야대 정국이 만들어진다면 그때의 야당은, 그것이 보수정당이든 진보정당이든, 더불어민주당이 행했던 것과 똑같은 행동을 할 수 있기 때문이다.

즉, 과반 의석을 확보한 야당은 법안을 단독으로 처리하고, 대통령이 임명한 고위 공직자를 탄핵하며, 예산안을 마음대로 삭감할 수 있게 되었다. 이는 다시 대통령의 국정운영을 방해하는 개입이 될 것이고, 이런 상황이 마련되면 또다시 정치적 파국으로 이어질 수 있다. 양극화된 정치 상황에서 국회를 지배하는 야당 역시, 타협과 절제보다 최대한의 권한 행사로 사실상 대통령과 국정 주도권을 두고 다투면서 정치는 파국적 상황을 맞이하게 된 것이다.

다음의 글은 미국 대통령제를 염두에 두고 쓴 것이지만 우리에게도 똑같이 적용될 수 있다.

민주주의는 성문화된 규칙(헌법)과 심판(사법부) 시스템을 갖추고 있다. 그러나 민주주의가 오랫동안 건강하게 기능하는 국가의 경우, 성문화되지 않은 규범이 성문화된 헌법을 지속적으로 강화한다. 성문화되지 않은 규범이 민주주의를 보호하는 완충적인 가드레일로 기능하면서, 일상적인 정쟁이 전면전으로 치닫지 않도록 막아 준다. … 사실 성문화되지 않은 규범은 상원이나 선거인단 운영에서 대통령의 기자회견 방식에 이르기까지 정치 구석구석에 존재한다. 그래도 민주주의 수호에 가장 핵심적인 역할을 하는 두 가지 규범을 꼽자면 상호 관용과 제도적 자제institutional forbearance를 들 수 있다(Levitsky & Ziblatt, 2018: 132).

4. 결론

이상에서 살펴본 대로, 1987년 민주화 이후 민주적 이행과 공고
화를 가능하게 해 온 제도적·관행적 조건이 모두 변화했다. 타협
과 합의를 도출해 온 대통령의 정치력도 사라졌고, 대통령제의
안정적 지속의 기본이 되는 대통령의 권위도 약화되었으며, 더
욱이 잇단 탄핵으로 제도적 안정성도 훼손되었다. 또한 87년 체
제의 한 축인 국회와 야당의 '제도적 자제'까지 사라졌다. 여소야
대 상황이 생겨나는 것이 특별하지 않은 일이 되었지만 그럼에
도 나름대로 안정적으로 87년 체제가 유지되어 온 것은 대통령
과 여당의 국정 주도권을 인정하고 국회 과반 의석을 차지하더
라도 그 권력의 행사가 '일정한 선을 넘지 않도록 한' 제도적 자
제 때문이다. 그러나 이런 관행이 이제는 사라졌다.

　결국 2024~25년 계엄-탄핵 정국은 일시적인 위기가 아니라
87년 체제를 지속하게 한 제도와 관행의 붕괴를 의미하는 것이
다. 앞으로도 대통령은 누가 당선되더라도 예전 같은 권위와 위
엄을 갖기는 어렵게 되었다. 정치적 아웃사이더가 다시 등장한
다면 이런 특성은 더욱 두드러지게 될 것이다. 대통령과 국회의
임기 차이로 임기 중반 대통령 선거는 앞으로도 실시될 것이고,
그렇게 된다면 여소야대 정국이 만들어질 가능성이 크다. 여소

야대가 되면 이미 무너진 관행으로 인해 야당은 굳이 제도적 자제를 하려고 하지 않을 것이고, 이는 또다시 대통령과 국회 간의 극단적 힘겨루기와 그로 인한 정치적 파국이라는 위기로 이어질 수 있다.

이런 점에서 이제 87년 체제는 더 이상 유효하지 않게 되었다. 더 이상 작동하지 않는 시스템이 되었다. 이제 대통령 선거가 5년 간 국정을 주도할 책임을 맡기는 형태로 이뤄질 수 없게 되었다. 한국 대통령제는 잦은 탄핵 시도뿐만 아니라, 국회와의 갈등으로 인해 제도적 안정성을 기약할 수 없게 되었다. 기존의 대통령제에서 벗어난 새로운 정치 시스템으로의 전환이 시급해졌다.

통치구조 개혁과 함께 정당정치를 다당제로 바꾸기 위한 정치 개혁이 중요하다. 대통령과 국회의 이원적 정통성의 극단적 대결 배후에는 각 기구를 장악한 두 개의 정당이 존재한다. 각 기구가 정파적 이익을 위한 도구로 활용되면서 정파적 갈등이 제도적 대립으로 이어진 것이다. 그런 점에서 양당제를 혁파해야 한다. 한 정당이 단독으로 과반 의석을 확보할 수 없다면 다수 의석을 만들어 내기 위해서는 연합 정치가 불가피하다. 연합을 이뤄 내기 위해서는 정당 간 논의와 타협과 양보가 불가피하고, 그런 과정에서 '정치'가 제 기능을 할 수 있다.

비상계엄 선포로 인한 정치적 위기는 한국 민주주의에 커다란 위협이자 도전이다. 다른 한편으로는 87년 체제가 더 이상 제대로 작동하지 않고 있다는 엄중한 경고의 사인이기도 하다. 정파적 이해관계를 넘어 대한민국 공동체의 새로운 변화와 도약을 위한 새로운 정치구조의 수립을 위해 모두가 노력해야 할 시점이다.

참고문헌

강원택(2024), "22대 국회의원 선거와 대통령 평가", 강원택(편), 《2024년 22대 국회의원 선거 분석: 중간평가, 정치 양극화와 제3당》. 동아시아연구원, 14~41쪽.

_____(2023),《한국정치론》, 제3판, 서울: 박영사.

_____(2022),《국가는 어떻게 통치되는가: 대통령제, 내각제, 이원정부제》, 파주: 인간사랑.

_____(2021), "민주화 이후의 '제왕적' 대통령", 송호근 외,《시민정치의 시대: 한국 민주화 35년, '대권'에서 '시민권'으로》, 파주: 나남, 65~97쪽.

박용수(2020), "민주화 이후 한국의 만성적 입법 교착 연구: 합의제 국회 운영 관행을 중심으로", 〈비교민주주의 연구〉, 16권 2호, 57~90쪽.

박찬표(2016), "국회 의사절차의 역사적 변화 과정에 대한 연구", 〈현대정치연구〉, 9권 1호, 75~113쪽.

유병곤(2006), "민주화 이후 국회 원 구성 협상: 13~16대 개원 국회 협상 과정 및 결과를 중심으로", 〈의정논총〉, 1권 1호, 67~105쪽.

최장집(2010), 《민주화 이후의 민주주의: 한국 민주주의의 보수적 기원과 위기》, 개정2판, 서울: 후마니타스.

최준영(2012), "3당 합당: 민주화 이후 한국 정당정치의 분기점", 강원택(편), 《노태우 시대의 재인식: 전환기의 한국 사회》, 파주: 나남, 67~97쪽.

황인정(2009), "한국의 정부형태, 이대로 좋은가?: 정치 선진화를 위한 분석", 이정복(편), 《21세기 한국 정치의 발전 방향》, 서울: 서울대학교 출판부.

Huntington, Samuel(1991), *The Third Wave: Democratization in the Late Twentieth Century*, Norman: The University of Oklahoma Press.

Levitsky, Steven & Daniel Ziblatt(2018), *How Democracies Die*. 박세연(역), 《어떻게 민주주의는 무너지는가: 우리가 놓치는 민주주의 위기 신호》, 서울: 어크로스.

Linz, Juan(1994), "Presidential or Parliamentary Democracy: Does It Make a Difference?", In Juan J. Linz & Arturo Valenzuela (Eds.), *The Failure of Presidential Democracy*(pp.3~90), Baltimore: The Johns Hopkins University Press.

_____(1990), "The Perils of Presidentialism", *Journal of Democracy*, 1(1), 51~69.

2장

한국 의회-정당 정치의 양극화 분석과 해법
미국 정치와의 비교 연구를 통해

서정건

1. 서론

"한 나라의 양극화에 대해서만 알고 있다면 그 나라의 양극화에 대해 알고 있다고 할 수 없다."

립셋의 주장을 응용하여 만들어 본 문구다(Lipset, 1996). 잘 알려진 대로 양극화 현상을 이해하기 위한 접근법은 다양하다. 예컨대 유권자(수요)와 정치인(공급)의 차원을 나누어 살펴보는 방법이 있다. 수요와 상관없는 과잉공급의 결과가 양극화라는 주장은 다수의 중도층 유권자와 무관하게 극단적 성향의 정치인들이 양극화를 가공架空한 것이라 주장한다. 반대로 수요가 있기 때문에 공급이 발생한 결과일 뿐이라는 설명은 유권자의 양극화 경향을 정치가 대변한다는 논리다. 피오리나(Fiorina, 2004) 등이 제기한 미국 사회 내의 '문화전쟁culture war' 논쟁도 이와 관련이 깊다.[1]

혹은 이념적 양극화와 정서적 양극화의 구분법도 존재한다. 진보 혹은 보수 이념이 정책과 연결되어 나타나는 이념적 양극화 현상ideological polarization은 전통적 의미의 양극화로 분류된다. 그런데 이념이나 정책과는 별 상관없이 상대 진영에 대한 감정적이고 배타적인 혐오감을 주요 내용으로 하는 양극화로의 변질이 최근 주목받고 있다. 이를 정서적 양극화affected polarization 현상이라고 한다.

한편 미디어media 환경을 주요 변인으로 보는 양극화 접근법도 이미 익숙하다. 갈등과 대립을 보여 주는 미디어의 시청률(즉, 회사 수익)이 상대적으로 차분하게 진행되는 매체의 그것보다 더 높다는 주장은 이른바 '고함치는 TVshout-TV' 현상으로 표현되기도 한다. 정서적 양극화 현상과도 밀접하게 연결되어 있는 중요한 양극화의 동력이다. 특히 소셜 미디어social media가 활성화된

---

1   양극화와 관련된 문화전쟁 논쟁을 잘 정리한 문헌은 다음과 같다. James Davison Hunter & Alan Wolfe(2006), "Is There a Culture War?: A Dialogue on Values and American Public Life", *Pew Forum Dialogue Series*, Washington DC: The Brookings Institution.

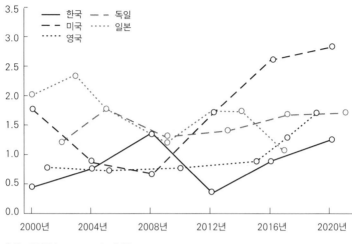

그림 2-1 국가별 의회-정당 양극화 추세 비교(한국, 미국 포함)

출처: 하상응(2024: 327) 재인용.

새로운 커뮤니케이션 시대에 알고리듬algorithm에 기반한 확증 편향적 정보 재생산이 양극화를 더욱 부추기는 중이다. 상대편을 이해하려고 하기는커녕 정보조차 구하지 않는 양극화 시대에 우리는 살고 있다.

이처럼 다양한 양극화 현상과 해법에 관련된 접근법들 중에서 이 연구는 립셋의 주장에 근거한 비교정치학적 접근을 시도하고자 한다(〈그림 2-1〉 참조). 한국의 의회-정당 양극화를 미국의 의회-정당 양극화와 비교함으로써 원인과 해법을 탐색해 보는 작업이다. 잘 알려진 대로 현재 미국도 심각한 양극화를 겪고 있다.

이 연구의 대상인 의회-정당 정치 차원에서 살펴보면 정부 수준의 정당party-in-government, 유권자 수준의 정당party-in-the-electorate, 조직 수준의 정당party-as-organization 등 모든 차원에서 양극화가 팽배해 있다.

건국 이후 한 번도 연방 대통령과 연방 의회를 구성하는 선거제도를 바꾼 적이 없는 미국에서 단순다수제의 결과 양당제two-party system가 유지되고 있다. 1830년대 만들어진 민주당과 1860년대 발족된 공화당이라는 두 거대 정당으로 이루어진 정당체제는 자연적으로 정당 내부에 다양한 계파faction를 수반해 왔다. 특히 남부 민주당 의원들Southern Democrats은 안보와 사회 이슈에 대해 보수적 입장을 견지함으로써 1930년대부터 1980년대까지 소수당이던 공화당과 연합하여 미국 정치 내 '보수 연합conservative coalition'을 구축한 적도 있다.

1980년대 이후 레이건 대통령을 중심으로 공화당이 미국 남부를 잠식하면서 민주당 내 보수 그룹은 낙선 혹은 은퇴하게 되었다. 민주당은 진보 성향 정당으로 변신하게 됨으로써 공화당과의 대립으로 상징되는 정부 수준의 양극화가 심화되었다. 유권자 수준 정당의 양극화를 잘 보여 주는 지표 중 하나는 분리투표 split-ticket voting의 약화 추세다. 제2차 세계대전 이후 미국 정치의 특징으로 꼽혔던 것은 공화당 대통령과 민주당 의회라는 분점

정부divided government의 고착화였다. 1980년대 후반 이후 분리투표 대신 일괄투표straight-ticket voting가 대세를 이루게 됨으로써 유권자들은 미국 정치의 오랜 전통이던 견제와 균형 원리 대신 지지층 중심base-only의 정치를 선호하게 되었다.

예를 들어 2020년에 치러진 117대 의회 선거에서 당선된 전체 하원 의원 435명 중에서 419명(96%)이 해당 지역구에서 승리한 대선 후보와 같은 정당 소속이었다. 조직으로서의 정당이 양극화된 것은 결국 전국 정당화party nationalization 현상과 관련이 깊다. 워싱턴 DC와 각 주로 분절되어 있던 미국 정당은 양극화라는 극심한 정치 및 선거 경쟁을 거치면서 정당의 전국화를 경험하고 있다. 대통령에 대한 의원들의 지지도나 당내 기율 역시 점점 강해지는 추세다.

이 연구는 다음과 같이 진행되었다. 우선 한국과 미국의 의회-정당 정치 양극화에 대해 역사와 제도 차원에서 비교해 보았다. 두 나라의 양극화는 어떤 역사적 맥락에서 진행되어 왔는지, 그리고 유사점과 차이점을 통해 현실에 미치는 영향은 무엇인지 파악했다.

다음으로 두 나라의 의회-정당 정치 양극화를 대통령 정치라는 특수한 맥락에서 비교 연구함으로써 총체적 접근을 시도했다.

한국과 미국 공히 대통령제를 운영하는 상황은 의회-정당 양극화와 깊은 관련성을 갖는다. 양극화 현상을 정치 시스템 차원에서 이해해야 하는 이유이기도 하다.

이후에는 의회-정당 양극화를 완화할 수 있는 해법들에 대해 대통령제하의 견제와 균형 차원, 의회의 운영과 구성 차원, 그리고 정당 개혁을 통한 극단주의 제어 차원에서 모색한다. 다시 강조하자면, 의회-정당 양극화의 해법은 의회-정당 내부에서만 찾을 수 없다. 이는 마치 대통령 권력의 견제와 균형을 대통령 개인에게서 찾을 수 없는 것과 유사하다.

정치체제는 이를 구성하는 행위자들의 선호와 선택이 복합적으로 맞물려 있기 때문에 체제system라고 부른다. 따라서 어느 한 부분의 양극화는 다른 나머지 부분들의 양극화와 필연적으로 연결되어 있다. 양극화의 원인과 해법을 부분적으로는 찾아낼 수 없는 배경이다. 다만 모든 양극화 차원을 한꺼번에 동시에 다룰 수도 없다. 실천 가능하면서 효과적인 해법을 통해 양극화 완화 방향으로 묘수를 궁리해 볼 동기는 여전히 충분하다.

2. 의회-정당 양극화 비교:
한국과 미국의 역사 및 제도 차원

미국 의회-정당의 양극화 역사 및 제도와 관련해서는 세심한 해석이 필요하다. 결선투표제를 시행하는 몇몇 주들을 제외하면 단순다수제simple plurality 선거제도를 광범위하게 채택 중인 미국에서 양대 정당의 등장은 일면 당연한 결과다.[2] 문제는 양당제가 반드시 양극화를 초래하는지 여부다.[3] 두 거대 정당 시스템하에서 양극화가 필연적인 것인지에 대해 살펴볼 수 있는 비교 사례이기도 하다.

정당 양극화는 정당 간 거리가 멀어지고 정당 내 단합도가 높

---

[2] 어떤 후보도 과반이 넘는 지지를 확보하지 못한 경우 치러지는 결선투표run-off elections 제도가 본선general elections에서 적용되는 주는 조지아주, 미시시피주, 루이지애나주 등 3개 주다. 이 또한 흑인 후보가 승리하는 것을 막기 위한 일종의 편법이라는 역사적 배경이 존재한다. 후보 경선 단계에서 결선투표를 적용하는 주는 총 9개 주다.

[3] 미국 정당 연구에 지대한 영향을 미친 다운스의 '중위 투표자 이론median-voter theorem'에 따르면, 양대 정당의 합리적 선택은 중도 성향 정책이므로 양극화는 발생하지 않는다(Downs, 1957). 하지만 다운스 역시 유권자들의 이념적 선호가 이봉분포bimodal라면 정당의 반응 역시 양극화로 변한다는 주장을 제시한 바 있다. 다만 유권자를 중심으로 한 소극적인 정당 변화를 설명하는 다운스와 달리 정당 주도의 적극적인 정당정치 변화에 대해서는 샤츠슈나이더를 참고할 수 있다(백창재·정하용, 2016).

아지는 현상으로 정의할 수 있다. 첫째, 정당 외부적으로 볼 때 이념과 정책으로 대립되는 미국 정당 양극화는 시기적으로 그 정도의 변화를 겪어 왔다는 점이 중요하다. 양극화라는 용어의 정의상 시간이 지나면서 정도 변화는 필수적이지만 어떤 시점에 어떤 계기였는지는 여전히 중요하다.

남북전쟁 이후 정치적 침체기를 겪었던 민주당이 남부 지역을 중심으로 1874년 중간선거 이후 재건되면서 공화당과 이후 극심한 양극화 경쟁을 벌이게 된다. 특히 19세기 말 산업 대 농업, 금본위제 대 은본위제 등 치열한 정치경제적 이해관계 갈등을 배경으로 두 정당의 양극화된 경쟁은 결국 1896년 공화당의 완승을 계기로 가라앉게 된다.

이후 공화당 지배 체제는 대공황과 제2차 세계대전을 계기로 등장한 민주당 대통령과 뉴딜연합New Deal Coalition 정치로 대체되었고, 냉전 시기에 초당파적 외교 관행과 더불어 양극화 완화의 경로를 밟게 된다(〈그림 2-2〉 위쪽 참조). 1980년대 이후 보수 공화당이 극도로 보수화되고 민주당 내부의 남부 보수 그룹이 사라지면서 현재의 양극화 현상을 겪고 있다.

그림 2-2 미국 정당의 양극화 역사와 양상

정당 간 거리(1차원)

미국 의회의 이념 평균(92대 의회 이후 변화)

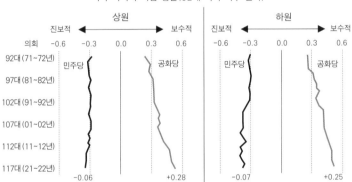

출처: voteview.com; Pew Research Center(2022. 2. 18).

둘째, 정당 내부적으로 볼 때는 정책 계파faction의 존재 및 영향력에 따라 정당 사이의 양극화가 달라져 왔다는 사실이 중요하다. 〈그림 2-2〉의 아래쪽이 보여 주듯이, 이는 양극화의 시작 이후 민주당이 진보화된 정도보다 공화당이 보수화된 정도가 더 크다는 비대칭적 양극화asymmetrical polarization 현상과도 관련이 깊다(Grossmann & Hopkins, 2016).

1954년부터 1994년까지 줄곧 미국 하원은 민주당에 의해 지배되어 왔다. 다수당이었던 민주당 내에는 남부 보수 그룹과 북부 진보 그룹 등을 아우르는 다양한 계파들이 존재해 왔다. 민주당 연구 그룹Democratic Study Group, 블루독 연합Blue Dog Coalition, 새민주당연합New Democrat Coalition 등이 대표적이다.

이에 비해 공화당은 만년 소수당permanent minority이라는 한계에 따라 오히려 당내 계파 갈등을 겪지 않고 1994년 깅리치Newt Gingrich 리더십을 중심으로 단합하여 다수당 위치를 차지하게 된다. 게다가 미국 내 보수 이념이 강한 국방과 낮은 세금, 그리고 사회적 보수 가치 등을 중심으로 쉽게 한목소리를 냈다. 반면 민주당 내부에는 안보와 무역 및 가치 이슈 등에 있어 다양한 목소리가 자리 잡고 있었다.

1994년 이후에는 두 정당이 의회 다수당 지위를 자주 번갈아 차지하게 된다. 21세기 들어 2006년, 2010년, 2018년, 2022년 선거를 통해 하원 다수당이 연달아 뒤바뀌었다. 당내 계파의 다양성보다는 정당 지도부의 영향력이 더 발휘됨으로써 양극화를 부추긴 효과가 다수당의 빈번한 교체 및 두 정당 간 의석수 차이 감소로 나타나는 중이다. 전통적으로 이념형 정당이던 공화당은 물론이고 민주당 내부 역시 진보파 그룹Congressional Progressive Caucus이 정당을 장악하면서 점차 온건 중도 세력이 자취를 감추고 있다.

그럼에도 불구하고 트럼프 시대에도 공화당 내부의 강경 보수 계파인 프리덤코커스Freedom Caucus를 어떻게 회유할 것인지는 트럼프 대통령의 숙제 중 하나다.

한국 의회-정당 양극화의 역사 및 양상은 우선 그 확인부터 간단치 않다. 사회과학 수준의 측정measurement 문제가 발생하기 때문이다. 미국 의회 경우 두 정당 내 의원들에 관해서는 정부의 역할에 대한 입장 차이를 기준으로 개별 의원들의 법안 표결에 근거한 이념 지표DW-Nominate Scores를 생성할 수 있다(Poole & Rosenthal, 1984). 의원들의 이념 척도를 근거로 정당 양극화를 추적할 수 있는 셈이다.

그림 2-3 한국 국회 양극화 역사와 양상

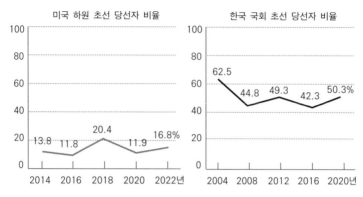

미국 하원 초선 당선자 비율

한국 국회 초선 당선자 비율

출처: 미의회조사국; 중앙선거관리위원회.

위계 IRT 모델, 19대 국회의원

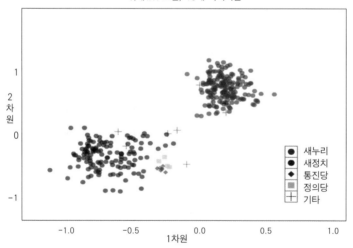

출처: 한국경제 (2023. 7. 25); 구본상 외(2016: 19).

17대부터 19대 국회를 분석한 구본상 등의 연구(2016)에 따르면, 한국 국회는 이슈 차원에 근거한 차별성보다는 여야 대립 차원이 더 확실한 기준이 된다. 더구나 한국 국회의 특징상 본회의 가결 비율이 높고 정당 지도부의 영향력이 강한 데다가 경제 문제를 둘러싼 대립이 아니라 외교·안보 및 북한 문제가 주요 변수로 반복 등장한다. 초선 의원 구성 비율이 늘 절반에 가까운 이른바 물갈이 현상 역시 양극화 추세를 파악하기 어렵게 만드는 요인이다(〈그림 2-3〉 위쪽 참조). 개별 의원들의 표결 결과를 양극화 측정의 주요 단위로 삼기 쉽지 않다는 뜻이다. 그럼에도 19대 국회(2012~2016년)부터는 정당 간 이념 차별성이 비교적 두드러지기 시작했다는 연구 결과가 나왔다(〈그림 2-3〉 아래쪽 참조).

한편 박상훈(2023)은 정치 양극화와 관련된 언론 기사의 출현 빈도를 기준으로 삼아 2009년 한미 FTA를 둘러싼 여야 논란, 2019년 공수처법 관련 여야 갈등을 한국의 의회–정당 양극화를 촉발시킨 계기로 파악하기도 한다.

정리하자면, 국가와 정부의 시장 개입에 대한 찬성 혹은 반대라는 전통적 정책 입장 차이를 근거로 양극화 추세를 가늠하는 미국의 경우 의원과 정책이 측정 단위가 된다. 이에 비해 경쟁적 정책 이슈들을 둘러싼 양극화보다는 대외 관계 혹은 여야 대립을 기본 축으로 양극화가 진행되어 온 한국의 의회-정당 현실은 그나마 양극화를 통한 정책 경쟁 및 변화라는 일종의 정치적 순기능마저 담보하지 못한다. 유권자 수준에서는 '부정적 당파성 negative partisanship'이라는 또 다른 동학이 더해지면서 자신의 지지 정당에 대한 지지를 늘리기보다는 반대 정당에 대한 반대를 더 강화하는 추세도 자리 잡고 있다(장승진·서정규, 2019).

한편 정당 간 입장 차이가 커지는 것 못지않게 정당 내부가 어떻게 변화하는가는 의회-정당 양극화를 규정하는 주요 변수가 된다. 앞서 미국 사례에서 살펴본 것처럼 정당 내 계파의 등장과 소멸, 그리고 영향력 변화에 따라 정당 내부의 단합도가 올라가기도 하고 약해지기도 한다.

〈그림 2-4〉의 아래쪽이 보여 주듯이, 미국의 경우 민주당과 공화당이라는 양당제 시스템이 유지되면서 두 정당을 구성하는 의원 및 정책 입장의 변화가 양극화를 불러일으키기도 하고 완화시키기도 한다. 구체적으로 1970년대 중반 이후에 베트남전쟁을 계기로 공화당은 국제주의 정당으로 바뀌어 갔고 민주당은 국내 문제를 중시하는 정당으로 변모함으로써 정당의 입장이 맞바뀌었을 뿐만 아니라 그 차이가 증가하게 되었다(Fordham, 2007).

그림 2-4 한국과 미국 정당 변천의 비교: 변화 대 변신

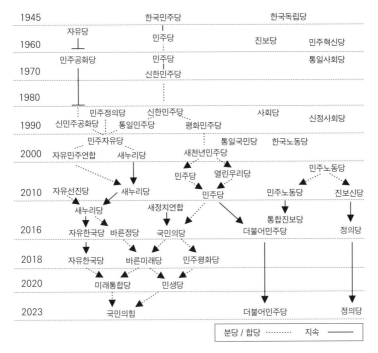

```
1945          한국민주당              한국독립당

        자유당
1960              민주당          진보당        민주혁신당

      민주공화당         민주당                통일사회당
1970              신한민주당

1980

        민주정의당    신한민주당            사회당
1990  신민주공화당  통일민주당      평화민주당        신정사회당

        민주자유당            통일국민당  한국노동당
2000  자유민주연합  새누리당      새천년민주당
                                                민주노동당
                      민주당  열린우리당
2010  자유선진당  새누리당      민주당      민주노동당  진보신당

      새누리당      새정치연합
2016        자유한국당 바른정당  국민의당    더불어민주당    정의당

2018        자유한국당  바른미래당  민주평화당

2020          미래통합당  민생당

2023            국민의힘          더불어민주당    정의당
```

분당 / 합당 ·········   지속 ───────

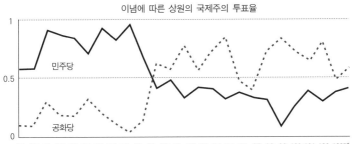

이념에 따른 상원의 국제주의 투표율

```
1

        민주당

0.5

        공화당

0
```

79 80 81 82 83 84 85 86 87 88 89 90 91 92 93 94 95 96 97 98 99 100 101 102 103대
1945~48 49~52 53~56 57~60 61~64 65~68 69~72 73~76 77~80 81~84 85~88 89~92 93~94년

출처: 박경미(2010: 243); Cronin & Fordham(1999: 979).

한국 정당의 경우 미국과 결정적인 차이가 발생한다. 〈그림 2-4〉의 위쪽처럼 정당 내부가 변화하는 것이 아니라 정당 자체가 그 명칭을 바꾸면서 분당과 합당을 반복해 왔다는 사실이 그러하다(박경미, 2010). 정당 공고화에 기초하여 정당 내부의 노선 투쟁이 벌어지고 그 결과 그 정당이 정책 입장을 바꾸어 온 것이 아니라는 얘기다. 정당 내부가 변화하기도 전에 대통령 선거 맥락에서 분당과 합당을 반복함으로써 새로운 정당으로 변해버린 셈이다. 정치 고관여층high-engagement인 한국 국민들이 쉽사리 정당 변신을 눈치챘다고 해도 정당의 변화를 통한 양극화 악화 혹은 완화의 경로가 부재한 것은 마찬가지다. 한국 의회-정당 양극화가 정책을 기본 단위로 하지 않는다는 또 다른 반증이기도 하다.

3. 의회-정당 양극화 비교:
한국과 미국의 대통령제 차원

현재 한국과 미국, 양국에서 대통령제는 양극화와 깊은 연관이
있다. 제도적 차원이나 역사적 차원에서 양자가 필연적인 인
과관계를 가진다고 할 수는 없다. 미국의 경우 건국헌법이나 이
후 추가된 수정헌법 어디에도 정당에 관한 규정이 없다. 매디슨
James Madison에 따르면, 정당faction의 발생 원인을 없애지는 못
하더라도 그 영향력을 제어할 수 있는데 대통령과 의회 간 견제
와 균형의 원리가 연방주의federalism와 합쳐질 때 가능하다고
보았다.

신생국 미국의 경우 외교·안보를 둘러싼 대통령 권한을 놓고
정당 간 경쟁이 발생한다. 1793년 워싱턴George Washington 대통
령이 발동한 중립선언Neutrality Proclamation과 관련하여 외교정책
변화와 관련된 의회 승인을 강조한 매디슨과 평화 유지를 위한
대통령의 권한을 중시한 해밀턴Alexander Hamilton은 연방 헌법 제
정 당시의 파트너십을 청산하게 된다.

1795년 영국과의 굴욕적인 조약이라고 비판받은 제이조약Jay
Treaty은 연방당Federalist Party과 공화당Jeffersonian Republicans 구
도의 미국 정당정치를 발생시켰다. 모욕감을 느낀 워싱턴의 3선

불출마 결정은 독립전쟁의 영웅이 사라진 상황에서 새로운 대통령 경쟁 구도를 정착시켰다.

이후 19세기 내내 미국은 스코우로넥의 언급대로 "법원과 정당의 나라state of courts and parties"였다(Skowronek, 1982). 19세기 말 급속도로 진행된 산업화와 세계화로 인해 미국 내 독점자본과 정경 유착을 옹호하는 공화당 중심 의회가 등장하게 되었고, 정치개혁의 기수standard bearer로서 새롭게 부각된 것이 대통령제였다. 혁신 시대Progressive Era를 거쳐 루스벨트Franklin D. Roosevelt 대통령 시대에 이르러 대통령의 긍정적이고 적극적인 역할과 권력에 대한 미국 사회 전반의 합의가 역사상 최초로 도출되었다(Tulis, 1987).

행정부의 수반인 대통령의 권력과 역할에 대한 논쟁을 건국부터 지금까지 진행하고 있는 미국과 비교하여, 우리나라의 경우 대통령의 권력 자체에 대한 진영 간 논쟁 혹은 경쟁이 어떻게 진행되어 왔는지 확인해 보아야 한다.

헌법 제정 당시에 정치인 이승만과 기득권 세력 한민당의 타협으로 등장한 이른바 한국형 대통령제 및 그 권력 범위와 관련하여 실질적 논쟁이 제기된 것은 '제왕적 대통령제' 논란 정도가 전부다(강원택, 2018). 대통령이 제왕적imperial인가의 반대 주장은 민주적democratic이라는 것일 텐데 이는 일종의 정치적 규범norm,

즉 옳고 그름의 문제에 가깝다. 달리 말해 제왕적 대통령을 지지하는 국민은 거의 없다는 얘기다.

이에 반해 "민생은 정부 책임"이라는 루스벨트 대통령의 뉴딜 연합 논거에 반대하여 "정부는 해결책이 아닌 문제 그 자체"라는 주장을 펼친 레이건Ronald Reagan의 주장은 대통령 권력과 역할을 둘러싼 철학적 시각 차이를 드러낸다. 작은 정부와 큰 정부, 둘 중 어떤 것이 더 나은 미국을 만들어 낼 것인가에 관한 논쟁인 셈이다.

우리나라 대통령제를 둘러싼 양극화 양상이 정책 차이에 기초하기보다 인물 혹은 스타일에 대한 막연한 선호를 중심으로 벌어지는 이유를 생각해 볼 필요가 있다. 달리 보면 대통령 개인이 만드는 양극화일 뿐이지 대통령제와 정치가 가져오는 양극화가 아닐 수도 있다는 이해가 필요한 시점이다.

한편 대통령과 정당의 관계 역시 두 나라의 비교를 통해 얻게 되는 시사점이 적지 않다. 앞서 설명한 대로, 한국과 미국 모두 양극화를 경험 중이다. 미국의 양극화가 시기적 변화를 특징으로 한다면, 한국의 양극화는 실체substance보다는 스타일style에 더 치우쳐 있다는 점이 대통령-정당 연관성에서도 재확인된다. 다시 말해 미국 대통령은 정당에 대한 전략과 관련하여 정치적 맥락과 정당 이익 관점에서 네 가지 서로 다른 유형의 전략을 구사한다는 것이 갤빈의 주장이다(Galvin, 2011; 〈표 2-1〉 참조).

표 2-1 미국 대통령의 정당 전략

구분		정당 이익을 증진할 유인	
		약한 유인	강한 유인
정치 맥락적 제한	강한 당파적 시기 more partisan era	후기당파주의 post-partisanship	명시적 당파주의 overt partisanship
	약한 당파적 시기 less partisan era	반당파주의 anti-partisanship	은밀한 당파주의 sub rosa partisanship

출처: Galvin(2011: 4).

사실 미국에서도 대통령과 정당 간의 관계는 대통령과 의회 관계에 비해 연구가 많지 않은 형편이다. 갤빈은 우선 정당 간 경쟁 정도를 정치적 맥락으로 기준을 잡고 대통령이 정당의 이익을 도모할 유인에 대해 파악하려고 시도했다. 즉, 정당의 이해관계가 독립적으로 존재하고 이를 위해 대통령이 정치적 자산을 얼마나 어떻게 쓸 것인지 결정한다는 관찰이다. 쉽게 말해 정당건설party building을 위해 미국 대통령이 취하는 정치적 판단과 전략이 변화해 왔다는 얘기다. 다른 연구에서 갤빈은 공화당 대통령이 민주당 대통령에 비해 정당 건설에 더 많은 관심을 쏟았다는 주장을 펼치기도 한다(Galvin, 2010). 반대로 민주당 대통령들은 오히려 자신의 정당을 침탈predation해 왔다고 이해한다.

한국의 대통령과 정당은 어떤 관계이며 그 관계가 양극화에 미치는 영향은 무엇일까? 문우진(2012)은 대통령 지지율의 필연적 하락을 설명하는 과정에서 대통령과 정당의 관계를 파헤친다. 정책 기반이 약한 상황에서 한국 정당들은 선거 승리를 위해 대선 후보를 영입하거나 가치 쟁점valence issues에 집착하게 되는데, 시간이 흐르면서 유권자들이 이에 대해 실망하고 결국 지지율 하락으로 이어진다는 분석이다.

문우진의 제안은 이러한 위임 실패를 반복하지 않기 위해 후보가 속한 정당의 이념에 기반한 유권자의 선택이 이루어져야 한다는 것이다. 다만 정당 간 이념 및 정책의 차이position issues가 분명하지도 않고 크지도 않은 상황에서는 선거 때마다 중도 확장성에 사활을 건 한국 정당정치 현실하의 적실성을 검토해 보아야 한다. 두루뭉술한 가치 쟁점 중심의 선거 결과 오히려 역설적으로 인물 중심의 양극화가 수반되는 한국 정치의 특성을 고려한다면 정당의 공고화party consolidation가 정치 양극화 완화에 생산적으로 기여할 수도 있다는 주장이 가능해진다. 눈에 잘 보이는 인물 중심의 양극화 투쟁보다 눈에 잘 보이지 않는 정책 중심의 양극화 경쟁이라면 적어도 정책 변화라는 생산성은 도모할 수 있다.

한편 한국 대통령의 당선 이후 의회-정당과의 관계는 사실 대통령이 공천권을 쥐고 의원들을 장악하거나 시기적으로 여의치 않으면 강한 정당 기율과 교섭단체 대표 중심의 국회 운영에 힘입어 정당을 영향력하에 두는 경우가 적지 않다. 특히 교섭단체 대표 의원이 막강한 권한을 행사하는 국회 운영 원리는 의원 개개인의 전문성과 독립성을 불필요하게 만들고 대통령의 정당 장악을 용이하게 만드는 숨은 요인으로 볼 만하다.

〈표 2-2〉는 한국 국회 교섭단체 대표가 가진 방대하고 막강한 권한을 영역별로 정리해 놓은 내용이다(박경미, 2007). 〈그림 2-5〉는 1800년대부터 200년이 넘는 기간 동안 미국 대통령에 대한 하원 내 정당들의 대통령 지지도를 측정해 놓은 자료이다. 이것은 양극화의 악화 혹은 완화가 의원들의 대통령 지지도 변화와 밀접한 관련이 있음을 잘 보여 준다. 다시 말해, 미국 정치에서는 당파적 경쟁이 강한가 혹은 약한가, 그리고 정당을 강화시키려는 동기가 강한가 혹은 약한가에 따라 대통령이 정당과 맺는 상호관계의 전략적 성격이 달라진다(서정건, 2023).

이와 달리 한국의 대통령-정당 관계는 다양한 정치 맥락과 유인 체계가 존재하는지에 대한 규명이 쉽지 않다. 민주화 이후에도 대통령 권력의 방향성에 대한 논쟁이나 정당정치 공고화에 관한 실체적 논의와는 크게 상관없이 대통령 개인의 통치 스타일과 정당의 선거 승리에만 집중하는 양상이 반복되어 왔다. 정당은 대통령을 추종하고 대통령은 행정부 자리를 나누어 주는 식의 상호관계 이외에 이렇다 할 정치적 변화를 찾기는 어렵다.

표 2-2 한국 국회 교섭단체 대표의원의 권한

구분	권한	국회법 조항
운영권	본회의 중 운영위원회를 제외한 위원회 개회	제56조
	개의 시간 변경	제72조
	본회의 비공개 결정	제75조 ①
	의사일정의 변경 및 안건의 추가	제77조
	의원 발언 중 비밀, 안보 사항 관련 부분에 대한 회의록 불게재 결정	제118조 ①
	대정부 질문 의원과 질문 배정 시간 및 질문 순서를 의장에게 통지	제122조 2 ⑦
의제 조정권	의사일정의 변경 및 안건의 추가	제77조
	동일 의제에 대한 총 발언 시간 및 발언자 수 결정	제104조 ③, ④
	비교섭단체 소속 의원의 발언 시간 및 발언자 수 결정	제104조 ⑤
	5분 자유발언 허가	제105조 ①
	5분 자유발언의 발언자 수 및 발언 순서 결정	제105조 ③
	대정부 질문 시 의제별 질문 의원 수 결정	제122조 2 ③
	교섭단체에 속하지 아니하는 의원의 질문자 수 결정	제122조 2 ④
	긴급현안 질문 시간의 연장	제122조 2 ⑤

출처: 박경미(2007).

그림 2-5 미국 정당의 대통령 지지도 변화

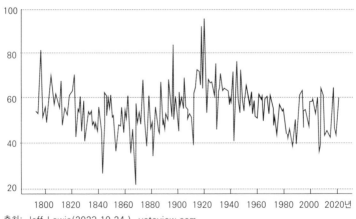

출처: Jeff Lewis(2023.10.24.), voteview.com.

4. 의회-정당 양극화의 해법

주지하듯이 정치 양극화는 더 이상 새로운 현상이 아니다. 학계에서도 그동안 양극화에 관한 다양한 분석과 논의를 진행해 왔다. 한 가지 주목할 점은 양극화 연구의 대부분이 양극화의 원인 규명 혹은 그 영향에 관한 것이라는 점이다.

무엇이 양극화를 가져오는가, 그리고 양극화의 결과는 무엇인가에 대해 정치학자들이 연구하는 것은 일면 당연하고 바람직하다. 사회과학적 접근을 통해 양극화에 대한 진실과 허구 사이의 간극을 줄임으로써 양극화가 초래되는 맥락과 정치에 미치는 영향에 대한 이해를 높이는 것은 정치학자들의 중요한 기여임이 분명하다. 실천 차원의 영역에 섣불리 대안을 제시함으로써 또 하나의 정치화politicization 오류에 빠지는 것도 경계해야 마땅하다. 가설 검증을 통해 이론 정립에 애쓰는 것이 사회과학자들의 본업이기 때문이다.

그런데 양극화의 원인 파악이 양극화 해소를 위한 해법으로 반드시 이어지지는 않는다는 사실 역시 기억해야 한다. 양극화 완화를 위한 대안 모색이 정치적 계산과 상관없이 학문적으로 진행된다면 그 나름의 의미를 경시할 이유 역시 없다.4 정치학 이론은 현실을 설명하지 못한다면 수정되어야 한다. 마찬가지로 완화 가능성을 보여 주지 못하는 양극화 원인 규명 역시 재검토되어야 한다.

한국의 의회-정당 양극화를 완화하기 위한 해법은 크게 두 가지 차원에서 찾아볼 수 있다. 우선 당연히 의회-정당 제도의 특징과 구성원의 행태를 들여다봄으로써 양극화를 부추기는 요인들을 찾아내고 이에 대한 해결책을 구체적으로 모색해 보는 방식이 있다. 세계 모든 민주주의 국가에 존재하는 의회와 정당들 중에 유독 한국 의회와 정당의 양극화가 심각한 수준이라면 그 자체에 관한 원인 모색과 해법 추진을 생각해 보아야 마땅하다.

또 다른 차원은 한국의 정치 시스템이 대통령제라는 시각을 가지고 의회-정당 양극화를 이해하는 방식이다. 대의민주주의 representative democracy 선거 방식 중 전 국민이 참여하여 지도자를 뽑는 유일한 기관은 대통령이다. 의원들은 지역구 단위로 선출되거나, 정당이 주관하는 비례대표 방식으로 의회에 진출한다. 1987년 민주화 이후 국민들이 대통령을 직접 뽑고자 하는 열망은 여전히 강한 것으로 조사된다. 의회-정당에 대한 불신 요인은 차치하고라도 개헌 선택지들 중 대통령제 유지(4년 중임제 포

---

4   미국 정치의 양극화를 해소하기 위한 대안 제시를 본격적으로 다룬 연구 역시 많지 않다. 퍼실리의 편저(Persily, 2015)가 예외 중 하나에 속한다.

함)가 압도적인 선호를 보이는 이유가 여기에 있다. 달리 말해 대통령중심제하에서의 양극화 현상과 해법을 의회-정당에서만 찾는 것은 제한적이다. 대통령제 개혁은 대통령제만 따로 떼놓고 분석해서는 이루어 낼 수 없는 것과 같은 이치다.

1) 대통령 정치와 양극화 완화:
   다수당 연합과 선거 주기 개혁

단순다수제 선거제도가 유지되고 중대선거구를 만들지 않는 상황에서 일반적으로 정치 양극화가 의회-정당 수준에서 완화되는 방식 중 하나는 다수당majority party의 등장이다. 선거에서 압도적인 국민의 지지를 받으면서 의회 의석을 다수 차지함으로써 의회 규칙에 의해 입법 어젠다를 추진하는 양상을 가리킨다. 선거에서 패한 소수당은 적은 의석수 때문에 의회 차원의 대응을 할 수 없게 된다. '선거 패인 분석soul searching' 작업을 통해 정당 변화와 지지층 회복에 나서는 수순을 밟는다.

그런데 이러한 방식의 양극화 완화가 대통령제하에서 가능하려면 대통령 선거 승리 역시 담보되어야 한다는 전제가 중요하다. 예컨대 미국에서 새로운 정치 담론이 등장하여 국민들의 지지를 받음으로써 민주주의 내 개혁 과정을 가능케 했던 이른바 중대 선거들critical elections을 꼽아 보면 대통령 선거의 결정적인 역할을 엿볼 수 있다. 1800년 제퍼슨Thomas Jefferson 승리, 1828년 잭슨Andrew Jackson 승리, 1860년 링컨Abraham Lincoln 승리, 1896년 맥킨리William McKinley 승리, 1932년 루스벨트 승리, 1980년 레이건 승리가 필수적이었다. 대선 주자들의 정치·경제 개혁 어젠다에 대한 국민들의 압도적인 지지가 의회 승리까지 동반함으로써 다수당 연합majoritarian coalition에 의한 정치개혁이 가능해진다. 양극화로 인한 정치 교착stalemate이 해소되는 것을 뜻하기도 한다.

잘 알려진 대로 2024년 미국 대선에서 트럼프는 7개 경합주에서 완승을 거둠으로써 국민들의 지지를 회복했다. 문제는 '후광효과coattail effect'가 크지 않았다는 점이다(Edwards, 1979). 지난 선거 결과 구성된 현재 119대(2025~2026년) 미국 하원의 의석수 분포는 공화당 220석, 민주당 215석으로 불과 5석 차이에 불과하다. 공화당에서 3명만 이탈해도 공화당 입법 시도는 무산된다. 상원에만 존재하는 필리버스터filibuster를 막기에도 상원 다수당인 공화당에는 7석이 부족하다. 트럼프 대선 승리를 통해 미국 양극화가 줄어들 것이라는 관측을 들어 본 적이 없는 이유다.

한국의 경우 2024년에 치러진 22대 총선에서 더불어민주당이 압승을 거둠으로써 국회 다수당이 되었지만 양극화가 줄어들지 않는 배경에는 대통령 정당과 국회 다수당이 서로 다른 분점정부가 존재한다. 결국 대통령 선거와 의회 선거를 통한 다수당 연합이 등장하여 양극화가 줄어드는 방식이 가능하려면 우선 대선과 총선 간 주기성 불일치non-congruence 문제가 해결되어야 한다. 물론 대선과 총선을 같이 치른다고 다수당 연합이 늘 등장한다는 보장은 없다. 견제와 균형을 위해 대통령과 의회를 서로 다른 정당이 맡도록 하려는 유권자들의 심리가 작동할 수도 있다. 그럼에도 국민적 지지가 어느 한쪽 후보와 정당으로 명확하고 광범위하게 존재하는 경우에는 대통령제하에서도 다수당이 행정부와 의회를 장악함으로써 국정을 주도하고 양극화를 넘어설 수 있다.

의회-정당의 양극화 완화와 대통령제가 연결되어 있는 또 다른 지점은 대통령의 정당 장악이다. 양극화란 앞서 지적한 대로 정당 내부의 단합도가 올라가고 동시에 정당 간 입장 차이가 커지는 현상으로 정의해 볼 수 있다. 물론 정책 차원의 좁은 이해라는 비판이 가능할 수 있지만 일반 국민들 사이의 정서적 양극화와 달리 제도 정치 내에서의 양극화는 정당 내 및 정당 간 정책 선호의 변화를 주목할 수밖에 없다.

정당 내부가 단합되는 경로 역시 다양하다. 우선 정당 구성원들의 정책 선호가 유사하기 때문에 정당이 자연스럽게 단합된 정책 입장을 가지게 되는 경우가 있다. 의원들의 정책 입장에 기반한 정당 권력의 위임이 강한 정당 지도부로 이어진다는 주장이 조건적 정당정부conditional party government 이론이다(Aldrich & Rohde, 2000).

이러한 의회 정당 차원의 정책 선호에 기반한 단합과는 별개로 대통령이 소속 정당에 강한 리더십을 발휘하는 경우 내부가 단결될 수도 있다. 특히 대통령에게 실질적인 다음 총선의 공천권, 즉 후보 선출 권한이 주어진다면 정당은 대통령의 의중에 따라 단결하여 움직일 수밖에 없게 된다. 메이휴(Mayhew, 1974)의 지적대로 재선을 지상 목표로 하는 의원이라면 공천권을 가진 대통령에게 충성하는 것이 합리적 선택이다. 선거 이전에는 공천이라는 특이한 후보 선출 방식으로 대통령 및 지도부에 얽매여 있고 선거 후에는 교섭단체 대표의원 중심의 국회 운영 방식에 휘둘리는 우리나라 국회의원들에게 과연 양극화를 해소할 선택권이 주어져 있는지 검토해 보아야 한다.

여러 가지 복잡하게 얽혀 있는 현행 시스템의 문제 중에 가장 심각한 것은 대통령과 의회 간 선거 주기cycle 불일치다. 지금 방식이라면 대통령 임기 5년 중에 국회의원 총선거가 언제 이루어질 것인지는 매번 다르다. 무려 20년에 한 번 꼴로 대통령 임기와 국회 임기가 동시에 시작할 수 있게 되어 있다. 이러한 임기 불일치의 두 가지 맹점은 정치개혁을 위한 다수파 연합majority coalition의 출현을 거의 불가능하게 만든다는 것과 중간 평가를 통한 책임성 추궁이 불규칙적이 될 수밖에 없다는 점이다. 대통령과 국회를 동일한 정당이 장악함으로써 정치의 새판을 짜는 것이 쉽지 않다. 또한 일단 거대 야당이 국회를 장악하면 대통령은 남은 임기 중에 리더십을 발휘할 수 있는 여지가 현실적으로 크게 줄어든다.

국회의 의원 정수를 줄이거나 늘리는 방식, 혹은 국회의원에 대한 소환recall 선거 도입 등의 논의가 이미 많이 있었다. 그런데 선거에 들어가는 비용이나 국정 혼란 등을 근거로 의원 임기를 줄이는 문제는 상대적으로 논의가 진행된 적이 많지 않다.

기존에 많이 제시되지 않았던 해법 중 하나로 국회의원 임기를 2년으로 단축하고 대통령 선거 임기를 4년으로 줄여서 선거 및 임기 사이클을 맞추는 방식이 있다. 현재 한국이 치르고 있는 정치적 혼란이나 AI 시대 급변하는 국내외 정서를 고려해 보면 의원 임기를 2년으로 줄이는 것을 논의해 볼 때다. 2년마다 국회의 민주적 책임성과 전문성을 대통령 정치 맥락에서 동시에 재확인하는 방식이기도 하다.

한번 당선되면 4년이라는 시간을 보장받을 뿐만 아니라 국회 4년을 전반기와 후반기로 나누어 의장도 돌아가면서 하고 상임위원회도 순환 배분하는 의원 중심의 현행 국회 운영 시스템을 재검토해야 한다. 특히 극단적 정치 성향의 유튜버들의 활동을 아예 막을 수 있는 방법은 없지만, 정치적 고관여층이 다수인 한국에서 2년 주기의 국회의원 선거를 치른다면 정치적 관심을 상대적으로 제도화해 보는 하나의 대안으로 기능할 수도 있다.

이 방식이 현실적으로 쉽지 않다면 국회의원 임기는 4년으로 보장하되 2년마다 전체 의석의 절반을 새로 뽑는 방법도 고려해 볼 수도 있다. 미국의 상원 선출 방식staggered elections인 셈인데 의원 전체를 두 그룹으로 나누어서 선거를 치르게 한다. 선거 주기성을 확보함으로써 국정운영의 민주성(다수당 연합 생성)과 책임성(제도적 횡포 방지)을 어느 정도 담보할 수 있다.

2) 의회-정당과 양극화 완화:
   국회 운영 및 선거제도 개혁

누가 의회-정당의 양극화를 완화할 수 있을까? 궁극적으로는 의회-정당의 구성원들, 즉 의원들에 의한 양극화 완화가 결정적이라고 상정해 볼 수 있다. 학계와 시민단체 등에서 의회-정당 양극화를 다양한 관점에서 논의해 오고 있지만 양극화가 가진 일종의 '내부자적 차원insiders' game'을 고려해 본다면 의원들과 정당 구성원들이 체감하는 양극화의 원인과 해법 역시 매우 중요하기 때문이다.

이와 관련 미국 의회가 주는 시사점은 흥미롭다. 트럼프 1기 행정부 첫 2년이 지난 2018년 중간선거에서 다수당 지위를 회복한 하원 민주당은 펠로시 Nancy Pelosi 하원 의장의 주도하에 116대 의회를 시작하면서 결의안을 통과시켰고 명칭이 '의회 현대화 위원회 Select Committee on the Modernization of Congress'였다. 의회 운영 전반에 대한 검토를 통해 의회의 민주적이고 효율적인 기능 회복을 목표로 삼았는데, 주요 관심사 중 하나를 양극화 해소를 통한 의회 교착상태 해결에 두었다. 주목할 만한 점은 다음과 같다.

우선 공화당과 민주당 의원을 동수同數로 하여 위원회를 구성했다. 위원장 역시 온건파 성향 의원들이 두 정당을 대표하여 맡도록 했다. 일시적이고 임시적인 운영이 아니라 거의 2년여에 걸친 활동을 통해서 체계적이고 심도 있는 논의를 진행했다. 온라인 게시판을 활성화하여 미국 의회에 관심 있는 누구라도 의견을 제시하는 데 어려움이 없도록 투명성을 제고했다. 수차례에 걸쳐 열린 정책 청문회를 통해 당대 최고의 미국 의회 연구자들을 의회로 초청하여 양극화에 관한 연구 성과 및 제안들을 경청했다.

특히 의미 있는 청문회로는 전직前職 의원들의 청문회를 꼽을 수 있다. 이제는 의원이 아닌 선배 의원들이 함께 모이는 정책 청문회를 개최하여 그들이 느꼈던 양극화의 문제점들과 해결 방안의 현실성 등에 대해 들어 볼 수 있는 기회를 가진 점 역시 높이 평가할 만하다. 위원회가 최종 보고한 제안서에는 의회가 개회할 때 의원들과 그 가족들이 모두 모여 수련회retreat를 함께 가도록 하는 내용도 담겨 있다.

이러한 방식을 우리 국회도 충분히 고려해 볼 수 있다고 생각하는 이유는 양극화 해소가 분권화decentralization와 연관이 있기 때문이다. 우리 국회의 오래된 관행이자 국회법 규정이기도 한 교섭단체 대표 중심의 현행 국회 운영은 분권화와는 반대되는 방식에 가깝다. 공천 심사라는 틀에 갇혀 자율성과 독립성이 상대적으로 부족한 의원들의 경우 아무리 본인들의 투표에 의해 교섭단체 대표, 즉 원내 대표를 선출한다고 해도 이를 자발적인 권력 이양이라고 보기 어려운 것이 현실이다.

의회-정당의 역사를 돌이켜 보면, 정당 지도부와 의회 상임위원회 간의 상대적 역할 분담 및 영향력 관계는 의회 운영에 영향을 미쳐 왔다. 미국 의회 경우에도 1980년대 후반의 양극화 심화 시기가 남부 민주당 출신 다선多選 의원들의 낙선 및 은퇴에 따른 중진급 위원장의 퇴장 시기와 겹친다. 위원회 내 선수seniority가 아닌 의원 총회에서 위원장이 선출되고 동시에 소위원회subcommittees의 역할이 커지면서 상임위원회와 위원장의 권한이 축소되었고, 그 권한 약화의 공백을 정당 지도부가 양극화 맥락의 선거 승리를 명분 삼아 채워 온 것이 양극화 경로인 셈이다.

우리나라 국회의 경우 정당 지도부와 상임위원회 간의 갈등 혹은 긴장 관계는 거의 없었다고 볼 수 있다. 상임위원회 중심의 이른바 교과서식 의회textbook legislature를 가져 보지 못한 것과 같은 이치다. 의회 운영의 분권화가 양극화 완충에 효과가 있는 경우 그 접근법은 교섭단체 대표 의원의 권한을 줄이고 상임위원회 내부의 위원장 선출을 포함한 운영 방식을 바꾸는 것이 있다. 의원들이 2년마다 상임위원회를 옮겨 다니는 현행 방식으로는 전문성과 독립성을 추구할 기회가 없다. 또한 인사 청문회보다 정책 청문회를 활성화하는 방식으로 상임위원회의 행정부 감독 oversight 기능 역시 대폭 증대해야 한다.

의회-정당 양극화 완화의 또 다른 차원은 현실적으로 극단주의 성향 정치인들의 제거, 혹은 중도 성향 의원들의 건재와 관련이 깊다. 이를 위해 현재 논의되는 권역별 비례대표제나 중대선거구 도입 등에 추가하여 순위선택ranked-choice 투표제를 고려해 볼 수 있다. 순위선택 투표는 단순다수제의 약점을 개선하는 절대다수제absolute majority의 일종이다. 다수 후보자들에 대해

한 명의 유권자가 한 장의 투표용지상에서 선호 순위를 매기는 방석을 취한다. 1라운드 개표에서 50% 이상의 지지를 받은 후보가 나오면 바로 당선이 결정되지만, 그렇지 않은 경우 2라운드 개표가 진행된다. 이때 가장 득표율이 낮았던 후보를 탈락시키되 그 후보를 2순위로 정했던 유권자들 표를 살아남은 후보들에게 재할당한다. 과반을 획득하는 당선자가 나올 때까지 이런 방식을 반복하는 형식이다.

이렇게 당선자를 정하면 1순위뿐만 아니라 2순위로 선택받는 것에도 후보들이 신경을 쓸 수밖에 없는데, 그러한 광범위한 지지 추구 효과가 바로 양극화 완화로 이어질 수 있다. 현재 미국에서 순위선택 투표를 실시하는 주는 메인주와 알래스카주, 두 곳이다(임성호, 2023). 공교롭게도 두 주 모두 트럼프 2기 행정부에 반기反旗를 들 수 있는 공화당 내 중도파 상원 의원들, 즉 콜린스 Susan Collins, R-ME 의원과 머카우스키Lisa Murkowski, R-AK를 보유하고 있다. 우리나라도 기존의 단순다수제 선출 방식에서 벗어나 지역구 의원들의 대표성을 보다 높이는 방향으로 선거제도를 개혁하는 것이 필요한 시점이다.

3) 정당의 조직 개혁을 통한 극단주의 견제

의회 내부의 운영 원칙을 개혁하거나 의회 구성 방식을 변경하는 식으로 의회 양극화를 완화할 수 있는 것과 마찬가지로 정당 양극화 역시 정당의 기능 및 역할을 중심으로 그 해법을 모색해볼 수 있다. 그중 가장 흥미로운 제안은 정당의 강화와 양극화 경향 간의 상관성에 관한 내용이다.

〈그림 2-6〉은 정당의 강화 정도에 따라 양극화에 미는 영향이 어떻게 달라지는가에 관한 이론적 논의를 담고 있다. 스나이더와 팅(Snyder & Ting, 2002)에 따르면, 유권자들은 후보를 선택할 때 위험회피형risk-averse 결정을 한다. 따라서 선호가 다양한 구성원들로 구성된 정당의 후보보다 선호가 유사한 구성원들로 구성된 정당의 후보를 선호한다. 왜냐하면 후자의 경우가 전자에 비해 후보의 정당 대변 가능성이 높아지기 때문이다.

이러한 가정에 정당의 기능 및 역할을 정당의 힘party power으로 표현하여 덧붙여 본다면, 우선 약한 정당은 극단적 선호를 가진 후보를 걸러내지 못하는 취약점을 가지게 됨을 알 수 있다. 강한 정당의 경우 정당의 선호를 제대로 대변하지 않는 강경파 후보들을 선거 과정에서 축출해 낼 수 있다. 〈그림 2-6〉의 p^*는 그 경계를 표시한다. 즉, 정당의 권한이 p^*에 이르기 전까지는 정당

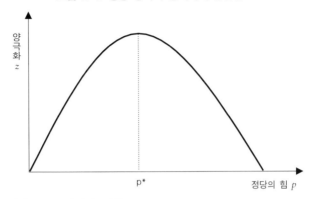

그림 2-6 정당 강화와 양극화의 상관성

양극화 z

p^*

정당의 힘 p

출처: McCarty(2015: 138).

강화가 내부를 결속시킴으로써 양극화를 가져온다. 그런데 p^*를 넘어서는 정도로 정당이 강화되는 경우에는 정당의 힘이 강해질수록 극단적 후보를 제어함으로써 양극화 흐름을 줄일 수 있다.

한국 정당의 경우 정당 공고화party consolidation 수준이 여전히 낮다고 평가된다. 이는 의회 내의 강한 지도부 개념과는 다른 차원이다. 결국 정당의 조직이 체계적이고 독립적인가에 관한 문제다. 미국의 경우 정당 구성이 의회 원내 정당congressional party과 50개 주의 주 정당state parties으로 이원화되어 있다. 연방 의회를 구성하는 원내 정당과 선거를 관장하는 주 정당은 거의 다른 정당이라고 볼 수 있다. 그리고 전국위원회Republican/Democratic National Committee가 존재하는데, 주로 선거 때 자금 조달 및 지원을 하거나 캠페인 전략 등을 짠다. 따라서 미국에는 당대표도 없고 심지어 당대변인도 없다. 위에서 말한 정당의 권한 및 기능은 미국의 경우 주로 주 정당에 해당된다.

우리나라의 경우 후보 선출 과정에서 극단적 성향이나 정책 선호를 가진 후보들을 걸러내는 작업을 주로 공천관리위원회에서 담당한다. 윤리적 흠결이나 불성실한 의정 활동 평가 등에 근거하여 현역 의원들을 걸러내거나 신청 후보들을 솎아내기도 한다. 다른 각도에서 보면 정당의 조직이 주마다 다르고 선거 절차나 규칙도 각각 다른 미국에 비해 훨씬 더 중앙집권적인 후보 선출 과정을 가진 한국 정당들이 양극화 예방에 유리할 수도 있다. 다시 말해 미국에서는 지역을 중심으로 치러지는 후보 경선primary 제도가 자율적이고 독립적인 의원들을 배출해 내는 경로가 될 수도 있지만 극단적 성향의 정치인들(예를 들어 MAGA 공화당 의원들)이 등장할 수 있는 통로가 되기도 한다. 한국의 경우 공천심사 제도가 의원의 자율성을 저해하지만 동시에 극우 혹은 극좌 정치인들은 배제할 수 있는 손쉬운 수단이 되기도 한다.

또 다른 정당 개혁과 양극화 완화 가능성은 정당 내부의 정책 계파 활성화에서 찾을 수 있다. 앞서 지적했듯이 정당 양극화는 정당 내부의 단합과 정당 간 입장 차이로 정의할 수 있다. 그중 정당 내부에서 정책 계파policy faction들이 자리 잡고 정책 현안에

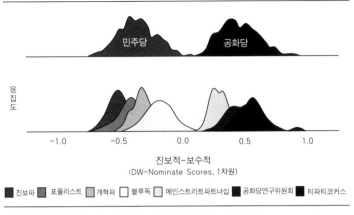

그림 2-7 미국의 정당 내 계파 현황(2009~2010년)

민주당   공화당

응집도

-1.0   -0.5   0.0   0.5   1.0

진보적-보수적
(DW-Nominate Scores, 1차원)

■ 진보파 ■ 포퓰리스트 ▨ 개혁파 □ 블루독 ▤ 메인스트리트파트너십 ▦ 공화당연구위원회 ■ 티파티코커스

출처: Clarke(2020: 458).

따라 정책 연합을 다양하게 형성한다면 고착된 양극화를 어느
정도 해소할 수 있다.

〈그림 2-7〉은 오바마 1기 행정부 첫 2년간 미국 하원에서 활
동한 계파들을 이념 성향에 따라 구분한 내용이다. 민주당의 경
우 가장 진보적인 성향의 진보파Progressives부터 가장 중도적인
입장을 견지한 블루독Blue Dogs 계파까지 다양한 구성을 보인다.
공화당 역시 온건파로 분류되는 메인스트리트파트너십Main Street
Partnership 계파부터 강경 보수 계파인 티파티코커스Tea Party
Caucus까지 그 분포가 넓다. 이들은 각각 이념 성향이나 응집도,
정책 현안에 대한 선호를 중심으로 모인 정책 계파들이다.

극우적 성향의 티파티코커스는 재정 건전성을 최상의 정책 목표로 삼는 집단이다. 이들은 왕성한 활동을 통해 2010년 중간선거에서 공화당의 재건을 도왔다. 오바마가 2009년 취임 이후 공들여 만든 일명 '오바마케어'로 불린 의료보험 개혁을 위해 중산층 세금을 올린 것과 금융위기 대응 방식으로 정부 지원금을 대폭 확충했다는 이유를 들어 공화당이 2010년 중간선거에서 대대적 반격을 펼쳤는데, 그 중심에 티파티코커스가 있었다. 당시 티파티코커스는 현재 119대(2025~2026년) 미국 하원에서 프리덤코커스로 명칭을 변경하여 더욱 세를 과시하고 있다. 심지어 트럼프 2.0 행정부 시기에도 두 정당 간의 의석수 차이가 극도로 적은 상황을 이용함으로써 자신들의 존재감을 부각시키고 있다. 세금인하 법 연장이나 국경 강화 법안, 그리고 에너지 개혁이나 국방예산 증액 등 트럼프의 국내 입법 의제들이 통과되기 위해서는 공화당 내부의 각기 다른 계파들을 설득하고 이들의 협력을 이끌어 내는 것이 필수적이다.

우리나라 정당의 경우 정책 계파로 분류할 만한 집단이 존재했는지 불확실하다(곽진영, 2009). 대부분의 계파들은 대통령 혹은 대통령 후보들을 추종하는 그룹에 불과하다. 이전 3김 시대의 동교동계, 상도동계를 시작으로 친노, 친이, 친박, 친문, 친윤에 이르기까지 대통령 정치 및 선거와의 연관성을 배제하고 이념 혹은 정책을 중심으로 결성된 계파는 찾아보기 어렵다. 앞서 지적한 대로 공천 심사라는 하향식top-down 후보 선출 단계부터 교섭단체 대표 중심의 하향식 국회 운영 단계에 이르기까지 독립적이고 자율적인 이념 및 정책 선호를 보유하거나 연합해 볼 기회가 주어지지 않는 것 또한 현실이다.

그럼에도 불구하고 단순다수제 선거제도를 가진 우리나라에서 거대 양당 구도는 어느 정도 불가피하며, 양당제하에서는 각 정당 내의 다양한 목소리가 존재할 수밖에 없다. 이를 정책 계파로 묶어 내고 표결집단voting bloc으로 움직인다면 정당 지도부와 의원 개인 사이에 위치하는 계파 정치를 구현해 낼 수 있다. 결국 각 정당 내부의 정책 계파가 존재해야 정당 간 협상도 가능해지고 의회-대통령 관계도 보다 역동적이 될 수 있다. 물론 정책 계파의 등장 역시 의회-정당 정치의 전반적 개혁과 동떨어진 내용일 수 없다. 여기저기에 자리 잡은 하향식 제도와 관행들에 대한 전면적인 재검토와 개혁이 필요한 이유다.

5. 결론

이 연구는 미국의 정치 양극화 현상 전반에 대해 비교 사례로 설명하며 우리나라 양극화를 새로운 각도에서 살펴본 시도이다. 양극화가 심각한 미국과의 비교가 의미를 가지는 중요한 이유 중 하나는 대통령 정치 시스템을 역사상 최초로 도입하여 운영 중인 나라가 미국이라는 사실이다.

현재 경제 선진국으로 분류되는 나라들 중 대통령제를 운영하는 나라는 미국과 한국밖에 없다고 해도 과언이 아니다. 그런데 한국이나 미국 두 나라에서 대통령제의 불변하는 가장 큰 특징은 '1인 지배 제도one-person institution'라는 점이다. 물론 민주주의 시스템하에서 대통령 정치가 역사책에 나오는 군주제와 같을 수는 없다. 하지만 그 진위 및 정도에 관한 논쟁은 차치하고라도 '제왕적 대통령제'라는 표현이 두 나라 모두 공히 자리 잡고 있다는 점은 중요하다.

대통령 1인 지배 제도의 구체적 효과는 가시성visibility이다. 개인인 대통령이 권력을 상시적으로 이미지화하면서 정치를 더욱 양극화시키는 결과를 초래한다는 점이 치명적이다. 미국의 양극화가 낙태, 기후위기, 총기 규제, 이민 규제, 인종 다양성 등 이슈별로 진행 중인 데 반해 한국의 양극화는 대통령 혹은 대통령 후보에 대한 극단적인 호불호가 주요 요인인 것으로 보인다. 따라서 정책 논쟁 및 경쟁보다 유독 탄핵이나 거부권 등 인물 중심의 정치 양상이 전개되고 있는 것이 한국 현실이다. 한국처럼 양극화가 심각하고 대통령제를 운영하는 미국과의 다양한 비교는 한국 의회-정당의 양극화 정치에 대해 생각해 볼 거리를 제공한다.

대통령이 가진 이른바 '비상 대권prerogative power'에 대한 논의는 로크John Locke 이래 전개되어 왔다. 구체적 설명은 이 연구의 범위를 벗어나지만 한 가지 생각해 볼 것은 현대 민주주의 시스템하에서 대통령 비상 대권은 전통적 의미와 다르다는 사실이다. 즉, 비상 대권을 사용하기 위한 조건이나 상황을 대통령이 임의대로 판단하지 못하도록 헌법에서 규정한다는 것이 중요한 변화다. 앞서 지적했듯이 1인 중심의 대통령제하에서 계엄 발동 등 비상 대권 자체를 사용하지 못하도록 원천 봉쇄하는 것은 쉽지 않다.

보다 중요한 것은 대통령의 계엄에 관한 판단과 실행이 헌법과 법률 테두리 안에서만 가능하다는 규정을 의회와 정당이 재확인하는 시스템이다. 1인 지배 대통령제를 민주주의 시스템 안으로 끌어들이고 제한할 수 있는 핵심적 기능이 의회와 정당에 의해 수행되는 셈이다. 이러한 제도적 규범하에서 의회-정당의 양극화는 매우 심각하고 불안한 현상이 아닐 수 없다. 정서적으로 상호 배타적인 양극화 정치 양상은 의회-정당 시스템을 결박하게 되고, 그 부정적이고 결정적인 영향이 대통령에 대한 견제와 균형의 실패로 이어진다.

이 연구는 주로 대통령제가 의회-정당 양극화에 미치는 영향을 살펴보았지만, 반대 방향의 영향은 결국 민주주의가 파탄에 이르도록 할 수도 있다. 의회-정당 양극화의 완화를 위해 다수당 연합의 등장을 가능케 하는 선거 주기 및 제도의 재검토, 상임위원회 중심의 국회 운영 분권화 및 의원 선출 방식 재편을 통한 중도파 확충, 본격적인 정책 계파 정치의 활성화를 통한 정당의 민주적 공고화 등을 검토해 보았다. 양극화를 만들어 낸 것이 한국 민주주의라면 줄어들도록 바꾸는 것도 결국 우리 민주주의다.

참고문헌

강원택(2018), 《한국정치론》, 서울: 박영사.

곽진영(2009), "한국 정당의 이합집산과 정당체계의 불안정성", 〈한국 정당학회보〉, 8권 1호, 115~146쪽.

구본상·최준영·김준석(2016), "한국 국회의원의 다차원 정책공간 분석: 이념으로서의 W-NOMINATE 추정치 검증", 〈한국정당학회보〉, 15권 3호, 5~35쪽.

문우진(2012), "대통령 지지도의 필연적 하락의 법칙: 누가 왜 대통령에 대한 지지를 바꾸는가?", 〈한국정치학회보〉, 46권 1호, 175~201쪽.

박경미(2007), "민주화 이후 한국의 교섭단체 제도와 정당경쟁", 〈한국정당학회보〉, 6권 1호, 5~26쪽.

_____(2010), "국회와 정당", 《한국 국회와 정치과정》, 서울: 도서출판 오름.

박상훈(2023), "한국의 정치양극화: 유형론적 특징 13가지", 〈Futures Brief〉, 23권 9호, 서울: 국회미래연구원.

백창재·정하용(2016), "정당과 유권자: 샤츠슈나이더 이론의 재조명", 〈한국정치연구〉, 25권 3호, 1~30쪽.

서정건(2023), "국회 의사결정 구조의 현황과 개선 방안: 미국 의회와 비교를 중심으로", 경제인문사회연구회·한국행정연구원(공편), 《정치 양극화 시대 한국 민주주의 발전방안》, 서울: 박영사.

임성호(2023), "순위선택투표(ranked choice voting)의 양극화 완충 효과?: 2022년 알래스카 중간선거의 시사점", 〈동서연구〉, 35권 1호, 29~58쪽.

장승진·서정규(2019), "당파적 양극화의 이원적 구조: 정치적 정체성, 정책선호, 그리고 정치적 세련도", 〈한국정당학회보〉, 18권 3호, 5~29쪽.

하상응(2024), "정치 양극화와 사회통합: 성별과 세대 간 차이", 《한국의 사회동향》, 서울: 통계청 통계개발원.

Aldrich, John & David Rohde(2000), "The Consequences of Party Organization in the House: The Role of the Majority and Minority Parties in Conditional Party Government", In Jon R. Bond & Richard Fleisher(Eds.), *Polarized Politics: Congress and the President in a Partisan Era*, Washington DC: CQ Press.

Clarke, Andrew J.(2020), "Party Sub-brands and American Party Factions," *American Journal of Political Science*, 64(3), 452~470.

Cronin, Patrick & Benjamin O. Fordham(1999), "Timeless Principles or Today's Fashion?: Testing the Stability of the Linkage between Ideology and Foreign Policy in the Senate", *Journal of Politics*, 61(4), 967~998.

Downs, Anthony(1957), *An Economic Theory of Democracy*, New York: Harper and Row.

Edwards, George C.(1979), "The Impact of Presidential Coattails on Outcomes of Congressional Elections", *American Politics Quarterly*, 7(1), 94~108.

Fiorina, Morris P.(2004), *Culture War?: The Myth of a Polarized America*, New York: Longman.

Fordham, Benjamin O.(2007), "The Evolution of Republican and Democratic Positions on Cold War Military Spending", *Social Science History*, 31(4), 603~636.

Galvin, Daniel J.(2010), *Presidential Party Building: Dwight D. Eisenhower to George W. Bush*, Princeton: Princeton University Press.

_____(2011), "Presidential Partisanship Reconsidered: Eisen-
hower, Nixon, Ford, and the Rise of Polarized Politics",
Political Research Quarterly, 66(1), 1~15.

Grossmann, Matt & David A. Hopkins(2016), *Asymmetric Politics:
Ideological Republicans and Group Interest Democrats*, New York:
Cambridge University Press.

Hunter, James Davison & Alan Wolfe(2006), "Is There a Culture
War?: A Dialogue on Values and American Public Life",
Pew Forum Dialogue Series, Washington DC: The Brookings
Institution.

Jacobson, Gary(2020), "Donald Trump and the Parties: Impeach-
ment, Pandemic, Protest and Electoral Politics in 2020",
Presidential Studies Quarterly, 50(4): 762~795

Lipset, Seymour Martin(1996), *American Exceptionalism: A Double-
Edged Sword*, New York: W. W. Norton & Company.

Mayhew, David R.(1974), *Congress: The Electoral Connection*, New
Haven: Yale University Press.

McCarty, Nolan(2015), "Reducing Polarization by Making Parties
Stronger", In Persily, Nathaniel(Ed.)(2015), *Solution to Political
Polarization in America*, New York: Cambridge University Press.

Persily, Nathaniel(Ed.)(2015), *Solution to Political Polarization in
America*, New York: Cambridge University Press.

Poole, Keith T. & Howard Rosenthal(1984), "The Polarization of
American Politics", *Journal of Politics*, 46(4), 1061~1079.

Skowronek, Stephen(1982), *Building a New American State*, Cambridge: Cambridge University Press.

Snyder Jr, James M. & Michael M. Ting(2002), "An Informal Rationale for Political Parties", *American Journal of Political Science*, 46, 90~110.

Tulis, Jeffrey K.(1987), *The Rhetorical Presidency*, Princeton: Princeton University Press.

3장

87년 체제 헌법개혁의 윤곽과 방향

장영수

1. 서론

대한민국은 다시 한번 심각한 격변의 시기를 맞고 있다. 대한민국의 최근 100년은 어느 한 해도 격변이 아닌 때가 없었다. 21세기 세계적인 정치·경제적 변화의 움직임이 뚜렷해지고 있는가 하면, 2024년 12월 3일 비상계엄[1] 이후 국내의 정치적 갈등과 혼란은 경제와 사회, 문화 영역에까지 심각한 파급 효과를 미치면서 대한민국의 격변을 가속화하고 있다.

――――――

[1] 12·3 비상계엄 후폭풍은 지금까지 계속 이어지는 중이다. 윤석열 대통령이 이로 인해 국회에서 탄핵소추되어 헌법재판소에서 탄핵심판을 받고 탄핵이 인용되어 파면됐다. 그 결과 6월 조기 대선이 확정되면서 또 한차례 정치권 지각변동이 예상된다.

이런 가운데 87년 체제의 한계를 지적하는 목소리도 더욱 커지고 있다. 역대 헌법 중에서 가장 민주적인 헌법이라고 인정되는 1987년 헌법이지만, 그 한계에 대한 지적은 1987년 당시부터도 적지 않았다.[2] 더욱이 근 40년의 세월이 흐르면서 시대의 변화를 담아내지 못한 헌법의 한계는 매우 뚜렷해졌고, 새로운 국가 시스템에 대한 요청도 더욱 강력해졌다.[3]

그러나 진영 갈등이 극심해지면서 정치적 합의에 의한 국가 시스템 개혁의 가능성은 오히려 더 낮아지고 있다. 이는 이미 2017년 국회 개헌특위[4] 및 2018년 문재인 대통령 개헌안[5]의 실패를 통

---

2 예컨대 현행헌법 제29조 제2항은 제3공화국 말기 대법원에서 위헌판결을 받았던 〈국가배상법〉 제2조 제1항 단서를 유신헌법에서 규정함으로써 위헌 논란을 피했던 것을 그대로 이어받았다는 점에서 비판이 많았다.

3 1948년 제정된 대한민국 헌법은 1987년까지 39년 동안 9차례 개정되었는데, 그 후 2025년까지 38년 동안 한 차례도 개정되지 못했다. 이 점에서 시대에 맞는 국가 시스템 개혁의 필요성은 더욱 크게 부각되고 있다.

4 2017년 국회 개헌특위는 만 1년 동안 활동했으나 2017년 5월 대통령 선거에 정치권의 관심이 집중되면서 제 기능을 하지 못했다. 개헌 블랙홀보다 대선 블랙홀이 정치권에서는 더욱 강하게 작용했던 것이다.

5 문재인 대통령은 후보자 시절에 국회 개헌특위에서 임기 중 개헌을 약속한 바 있었다. 2018년 3월 문재인 대통령이 개헌안을 발의했지만, 야당과의 협의가 없는 일방적 발의였으며, 야당이 이를 반대하자 여야의 이견을 좁히려는 노력 없이 개헌을 위한 노력을 포기했다. 이 점이 문재인 대통령 개헌안의 진정성이 의심받는 이유다. 이에 관해서는 장영수(2018), "2018년 3월 26일 발의된 대통령 개헌안의 문제점: 권력구조를 중심으로", 〈공법연구〉, 46집 4호, 1~25쪽 참조.

해 확인된 바 있다.

그런데 2025년 현재의 진영 갈등은 당시에 비할 바가 아니다. 특히, 윤석열 대통령의 비상계엄 선포와 이를 계기로 한 윤 대통령에 대한 국회의 탄핵소추와 헌법재판소의 탄핵심판 과정에서 진영 갈등은 폭발 직전의 상태로까지 긴장감이 고조되었다.[6]

이러한 상황은 일종의 악순환이라고 할 수 있다. 87년 체제에 따른 승자독식 정치구조의 한계로 인하여 진영 갈등이 극심해졌고,[7] 진영 갈등이 심각해지면서 민주적 대화와 타협은 갈수록 찾아보기 어렵게 되었다.[8] 이는 다시금 승자독식 구조를 더욱 공고하게 만드는 결과로 이어진 것이다.[9] 이러한 악순환의 고리를 끊지 않으면 대한민국의 미래는 없다.

---

6 최근 이러한 갈등은 윤 대통령 지지자들의 서울서부지방법원 난입으로 이어진 바 있다. 헌법재판소에 대해서도 유사한 사태가 벌어질 것을 우려하는 목소리가 적지 않았다.

7 승자독식의 문제에 대해서는 아래의 '2. 3) 진영 갈등을 극단화시키는 승자독식의 정치제도' 참조.

8 민주화 초기에는 여야 간의 대화와 타협이 오히려 오늘날보다 훨씬 자연스러웠고, 이를 통해 평화적 정권교체가 시작되고 반복되기도 했다. 그러나 최근 10여 년 동안 대화와 타협의 정치가 후퇴했다는 점은 부인할 수 없다.

9 승자독식과 진영 갈등의 악순환은 대한민국 민주주의 퇴행의 가장 중요한 원인이다. 이러한 악순환의 고리를 끊지 못할 경우에 대한민국 민주주의 발전은 기대하기 어려울 것이다.

여기서 가장 먼저 주목해야 할 부분은 승자독식의 정치구조이다. 이로부터 모든 문제가 시작되었다고 말할 수 있을 뿐만 아니라, 이를 그대로 유지하는 가운데 진영 갈등의 해소나 대화와 타협의 민주정치 복원은 매우 어려울 것이다. 이러한 점에서 87년 체제에 따른 승자독식의 정치구조를 개혁하는 것이 선행되어야 할 것이다.

이하에서는 먼저 '2. 87년 체제의 기본구조와 문제점'을 개관한 후에 그동안 많이 논의되었던 제왕적 대통령제의 극복 문제를 '3. 제왕적 대통령제의 극복: 개발독재와 운동권 문화의 잔재를 벗어나자!'에서 정리하고자 한다. 그 바탕 위에서 '4. 승자독식의 정치제도 개혁: 분권과 협치'를 고찰하고, 이를 '5. 제10차 개헌, 어떤 방향으로 나아가야 할까?'로 연결하면서 이 글을 마무리하고자 한다.

2. 87년 체제의 기본구조와 문제점

1) 민주화된, 그러나 충분히 민주화되지 못한 87년 체제

1987년 여야 합의에 의한 제9차 개헌은 민주화를 계기로 널리 인정되고 있으며, 현재의 대한민국 국가 시스템을 87년 체제라고 부르는 것도 그 때문이다. 그러한 87년 체제라는 말은 1987년 서울 광화문 일대를, 나아가 전국을 뜨겁게 달궜던 6월항쟁의 결과물이라는 의미를 담고 있다.[10]

수십만 명의 시민들이 거리를 메우며 대통령 직선제 개헌을 외쳤을 때, 전두환 정부의 호헌 선언은 힘을 잃었다. 결국 6·29 선언에 의해 정부가 국민의 요구를 수용하기로 함에 따라 극단적인 유혈충돌을 피하게 되었다. 대통령 직선제, 대통령 임기의 5년 단임제, 헌법재판소 도입 등을 특징으로 하는 제9차 헌법개정이 이루어진 것이다.

이후 1987년을 민주화 원년으로, 87년 체제를 가장 민주화된 국가 시스템으로 부르는 것이 일반화되었다. 그러나 '민주화 이

---

10 1987년 6월항쟁(6월 민주혁명)의 역사적인 의미에 관해서는 장영수(2023), "1987년 헌법정신과 문민정부의 정책 방향", 《김영삼 대통령과 신한국 창조》(문민정부출범 30주년 기념 프로젝트), 87~129(91 이하)쪽 참조.

후의 민주주의'에 대한 논란이 시작되었고,[11] 87년 체제의 한계에 대한 논의도 일찍부터 시작되었다.[12]

그것은 무엇보다 87년 체제가 과거의 권위주의 정권을 무너뜨린 민주화된 국가 시스템이라는 점에는 폭넓은 공감대가 있었지만, 그것이 민주화의 완성이 아니었기 때문이다. 뿐만 아니라, 국민들이 만족할 수 있는 수준의 충분한 민주화를 위해서는 갈 길이 멀다는 인식들이 있었기 때문이었다.

87년 체제가 충분히 민주화되지 못했다는 점은 세 가지 점에서 지적될 수 있다.

첫째, 1945년 이후 42년이 지났음에도 불구하고 국민들의 민주주의에 대한 지식과 경험, 이해는 아직도 충분하지 못했다. 특히 민주적 다양성과 다원성, 갈등과 대립 속에서의 대화와 타협에 대해서는 ― 민주와 독재의 이분법적 사고가 지배하던 시절을 수십 년 겪은 직후에 ― 충분한 경험과 이해를 갖지 못하였다.

둘째, 정치문화 역시도 후진적이었다. 김영삼 정부의 하나회

---

11 최장집(2005),《민주화 이후의 민주주의》, 후마니타스 이후로 이는 대한민국 민주주의에 대한 새로운 화두로 등장했다.

12 예컨대, 박용일(2008), "6월항쟁, 절반의 성공", 〈내일을 여는 역사〉, 33호, 85~99(85 이하)쪽 참조.

척결 등의 노력으로 군부 세력의 정치 개입이 사라지면서 대한민국 최초의 평화적 정권교체가 이루어졌고, 민주화가 점차 뿌리내리는 모습을 보였다. 그러나 시간이 지나면서 여야의 집권 경쟁은 점점 치열해졌고, 그런 가운데 보수궤멸론, 20년집권론 등이 등장하면서 정치문화의 후퇴, 진영 갈등의 심화가 뚜렷해졌다.

셋째, 1987년 제9차 개헌을 통해 만들어진 현행헌법이 과거의 유신헌법이나 제5공화국 헌법에 비해 훨씬 민주화된 헌법인 것은 분명하다. 그러나 그것이 완전한 헌법, 더 이상 손볼 필요가 없을 정도의 민주화된 헌법이라는 의미는 아니다. 오히려 시간이 지나면서 여러 가지 문제가 드러나는데, 국가 시스템은 변하지 않는 것이 대한민국의 민주주의 발전에 큰 걸림돌이 되었다. 이러한 국가 시스템의 문제를 잘 보여 주는 것이 제왕적 대통령제이고, 또 승자독식의 정치제도이다.

2) 완화된, 그러나 여전히 제왕적인 대통령제

앞서 언급했듯이 현행헌법상의 국가 시스템은 유신체제와 제5공화국에 비해 많이 개선되었고, 그러한 개선을 통해 대통령의 권한도 크게 완화되었다. 비유하자면 유신헌법에서는 대통령이 전체 국가권력의 90%,[13] 제5공화국 헌법에서는 70%를 장악하고 있었다면,[14] 현행헌법에서는 50%를 장악하고 있다고 말할 수 있다.[15]

삼권분립이라는 민주국가의 기본 원리에 따르면 대통령이 50%의 권력을 쥐고 있는 것도 정상적인 것은 아니다. 입법, 집행, 사법이 각기 3분의 1의 권력을 갖는 것이 정상이라고 볼 때, 현재 대통령의 권력은 분명히 과도한 것이고, 제왕적이라고 지

---

13 유신체제에서 대통령은 절대적 대통령 또는 영도적 대통령으로 지칭되었다. 국회의원의 3분의 1을 추천할 권한을 비롯하여, 중선거구제를 도입한 가운데 여당에 대한 강력한 지배력으로 국회를 사실상 장악했다. 또한 〈국가배상법〉 제2조 제1항 단서에 대한 대법원의 위헌판결 이후 유신헌법에 의한 대법원의 위헌법률 심판권 박탈, 해당 조항의 유신헌법 추가, 위헌판결에 찬성했던 대법관에 대한 재임용 배제 등으로 대법원을 굴종시켰다. 나아가 통일주체국민회의를 통해 대통령을 간선함으로써 국민의 선거에 의한 통제를 불가능하게 만들었고, 헌법개정도 대통령의 의사에 반하여 관철될 수 없도록 함으로써 헌법개정을 통한 국가 시스템 변화의 가능성조차 막고 있었다.

14 제5공화국 당시의 대통령은 유신헌법 당시에 비해 일부 권한(예컨대 국회의원 3분의 1의 추천권 등)이 축소되었으나 여전히 국회를 장악할 수 있도록 제1당 프리미엄 제도가 선거법에 의해 인정되고 있었고, 사법부의 굴종도 달라지지 않은 상태였다. 비록 통일주체국민회의는 해체되었지만, 대통령 선거인단에 의한 간선으로 국민에 의한 직접적 통제가 여전히 불가능했던 점 등에서 대통령은 여전히 전체 국가권력의 대부분을 장악하고 있었던 것으로 볼 수 있다.

15 물론 과거에 비해 대통령의 권력이 많이 약화되었다고 볼 수 있다. 하지만 삼권분립의 관점에서 볼 때, 대통령이 50%의 권력을 갖고 있다는 것도 과도한 권력임은 분명하며, 제왕적 대통령이 아니라고 할 수 없는 것이다.

칭되는 것이 어색하지 않다.[16]

　이러한 평가가 나오게 되는 것은 집행부의 조직과 인력, 권한 및 예산 등이 입법부나 사법부에 비해 압도적으로 크기 때문이 아니다.[17] 입법, 집행, 사법의 삼권이 각기 3분의 1의 권한을 갖고 있는데, 대통령이 입법부나 사법부에 미치는 영향력이 매우 크기 때문에 제왕적 대통령이라 지칭되는 것이다.

　입법부에 대해서는 대통령이 국회에 행사하는 각종 헌법상의 권한[18]보다는 여당을 통해 입법부에 큰 영향력을 행사한다는 점이 더 크게 문제된다. 당정 협의 등의 방식으로 정부와 여당은 긴밀하게 연결되고, 협조하고 있다. 뿐만 아니라, 대한민국의 여당은 ― 정권교체에도 불구하고 ― 여야 갈등 시 대통령의 편에 서

16　물론 90%, 70%, 50%란 수치는 정확한 분석이라기보다 상징적 의미로 보아야 한다. 유신체제에서 대통령은 거의 모든 권력을 독점했다는 점에서 90%이고, 87년 체제의 대통령은 다른 삼권에 비해 강력하지만 과거와 같이 압도적이지는 않다는 의미에서 50%로 볼 수 있다.

17　예컨대 정부의 예산이 국회 예산의 100배가 된다고 해서, 혹은 정부 소속 공무원의 숫자가 국회의 100배가 된다고 해서 정부의 권한이 국회의 100배가 되는 것은 아니다.

18　물론 국가원수의 지위와 정부수반의 지위를 동시에 가진 대통령의 권한이 국회나 사법부에 비해 상대적으로 우월하다는 점도 인정된다. 그러나 단순히 그러한 점을 떠나서 삼권의 상호 견제와 균형의 틀을 벗어나는 점들이 더욱 중요하다. 그중에서도 여당에 대한 영향력과 사법 수뇌부에 대한 인사권이 가장 크게 문제되는 것이다.

는 것이 너무나 당연시되는 것이다.19 그로 인해 국회의 정부에 대한 통제는 사실상 야당의 정부에 대한 통제와 동일시되고 있다.

사법부에 대해서는 대통령의 사법 수뇌부, 즉 대법원장 및 대법관, 헌법재판소장 및 헌법재판관 임명권을 통한 이른바 사법부 코드인사가 문제된다.20 과거 문제인 대통령과 김명수 대법원장의 관계는 대등한 삼권의 수장이 아니라 누가 봐도 상하관계였다. 이렇게 된 것이 대통령이 대법원장 등을 임명할 권한이 있기 때문이라는 점은 부인할 수 없다.21

또한, 헌법재판관은 외견상 대통령과 국회, 대법원에서 각기 3인을 지명 또는 선출할 수 있다는 점에서 마치 황금분할인 듯이 보이지만 실제로는 그렇지 않다. 대통령이 지명한 3명과 국회가 선출하는 3명 중의 여당 몫, 그리고 대통령이 임명한 대법

---

19 이러한 대통령의 여당에 대한 영향력은 국회 내의 의사결정에서 여당이 무조건 대통령을 편드는 태도를 통해 더욱 뚜렷해졌다. 역대 정부에서 그렇지 않은 모습을 찾아보기 어렵다. 굳이 찾자면 최근 윤석열 대통령의 12·3 계엄선포에 대해 국회에서 비상계엄 해제 요구를 의결할 때 일부 여당 의원들이 동참한 것을 들 수 있다. 하지만 이 경우에도 여당 의원들의 다수가 참여한 것은 아니었다.

20 사법부 코드인사로 인한 사법혼란 및 사법불신에 관해서는 장영수(2020), "사법혼란, 사법불신과 법치주의의 위기", 〈고려법학〉, 99권, 1~33쪽 참조.

21 장영수(2018), "사법부의 구성 체계에 관한 개헌 논의의 현황과 전망", 〈고려법학〉, 88호, 1~33쪽; 장영수(2023), "대법원장, 헌법재판소장 추천위원회의 의의와 한계", 〈공법학 연구〉, 24권 3호, 99~124쪽 참조.

원장 몫의 3인까지 같은 코드의 후보자로 채워질 경우에 9명 중 7~8명이 대통령의 코드인사 범위에 속하는 것이다.[22]

　이러한 문제점들에 대한 근본적 변화 없이는 제왕적 대통령제는 계속될 수밖에 없다. 최근 개헌 논의에서 대통령의 당적이탈 의무를 규정하는 것이나,[23] 사법 수뇌부의 선출방식 개선에 대한 관심이 높은 것[24]도 그 때문이라 할 수 있다.

3) 진영 갈등을 극단화시키는 승자독식의 정치제도

오늘날 대한민국 정치에서 가장 먼저 개혁되어야 할 부분을 지적하자면, 망국적인 진영 갈등을 더욱 극단화시키고 있는 승자독식Winner takes all!의 정치 시스템이라고 할 수 있다. 승자독식

22　이 점은 널리 인정되고 있으며, 최근 헌법재판관의 임명방식 개선에 관한 개헌안들이 많이 나오고 있는 원인이기도 하다.

23　〈대화문화아카데미 2025 새헌법안〉, 제76조 제2항: "대통령은 임기개시일로부터 임기종료일까지 당적을 가질 수 없다."

24　〈대화문화아카데미 2025 새헌법안〉, 제104조 제3항: "헌법재판소는 헌법재판소장을 포함하여 9인의 재판관으로 구성한다. 재판관은 헌법재판관추천위원회의 추천을 받아 민주원에서 재적의원 3분의 2 이상의 찬성으로 선출한다."
　　〈대화문화아카데미 2025 새헌법안〉, 제108조 제1항: "대법원장과 대법관은 법관추천위원회의 추천을 받아 민주원에서 재적의원 3분의 2 이상의 찬성으로 선출한다."

이야말로 진영 갈등의 뿌리이고, 이를 벗어나지 못할 경우에는 소모적 갈등으로 대한민국의 발전 동력은 소진되어 버릴 것이기 때문이다.[25]

승자독식의 정치구조란 미국식 대통령의 특징으로 지적된다. 애초에 대통령제 정부형태하에서는 대통령이, 혹은 대통령이 배출한 정당이 정국의 주도권을 쥐게 되며, 반대파는 이를 견제할 뿐, 정국을 주도할 수는 없다는 점 때문에 승자독식으로 지칭되는 것이다.[26]

그러나 미국의 대통령제는 승자독식이되, 승자독재가 되지는 않고 있다. 이는 몇 가지 중요한 완충장치 때문이다. 대표적인 것으로 연방제를 통한 분권의 실질화, 성숙한 정치문화를 통한 여당의 대통령에 대한 통제, 그리고 독립적인 연방대법원의 조정자 역할을 들 수 있다.

미국의 연방제는 강력한 상원과 맞물려서 연방과 주州, State의 분권을 실질화시켰다. 여러 주들이 연합하면 연방을 실질적으로

---

25 민주국가에서 다양한 의견의 대립은 자연스러운 것이다. 다만, 이러한 갈등과 대립이 대한민국의 발전 과정에서 통합될 수 있어야지, 소모적이고 분열적인 갈등이 되어서는 안 된다. 최근 대한민국의 진영 갈등이 우려스러운 것은 바로 이러한 소모적·분열적 갈등이 되고 있기 때문이다.
26 바로 그 때문에 대통령제 자체가 승자독식의 정치제도라고 지칭된다고 볼 수 있다.

통제할 수 있는 힘을 갖는 것이다. 이는 애초에 미국이 13개 주의 연합에서 시작했을 뿐만 아니라, 각 주의 권한은 독자적인 법원과 경찰, 군대까지 갖고 있을 정도로 — 대한민국의 광역자치단체와 비할 수 없는 — 막강한 것이기 때문이다.27

미국의 여당이 대통령을 통제하는 모습은 이미 트럼프 1기 정부에서 보여 주었다. 이민자 문제 등에 대해 불합리한 대통령령이 나오면 야당인 민주당뿐만 아니라, 여당인 공화당까지 나서서 이를 무력화시키는 모습을 보였다. 대한민국의 여당과는 크게 다른 모습이다. 이러한 정치문화가 제왕적 대통령을 억제하는 것이다.28

미국의 연방대법관은 정년조차 없는 종신직이다. 그로 인해 미국의 대통령이 재임에 성공하여 8년간 재직하더라도 임기 중에 연방대법관을 임명할 기회는 평균 1번이다. 즉, 9명의 연방대법관 중에서 1명을 교체하는 것이며, 이를 통해 연방대법원 전체

---

27 미국 연방에서 주州들에 의한 분권은 특별한 의미를 갖는다. 각기 독립된 국가에서 출발했다는 점도 그렇고, 각 주의 고유성과 독자성이 뚜렷하다는 점, 나아가 주민들의 주에 대한 소속감이 강하다는 점도 그렇다. 이런 특성이 주의 권한과 결부되어 강력한 분권 효과를 낳고 있는 것이다.

28 대한민국에서는 민주화 이후에도 특정 인사에 반대하던 여당 의원들이 청와대의 의사가 확인된 이후에 찬성으로 돌아서는 등, 여당은 대통령의 뜻을 거스르지 않으려는 경향이 매우 강했다.

에 미칠 수 있는 영향력은 매우 미미하다. 대통령이 임기 중에 전체 대법관이나 헌법재판관의 평균 6분의 5를 교체할 수 있는 대한민국의 경우와는 크게 다르다. 대통령 인사권으로부터의 독립성이 미국 연방대법원의 중립적 조정자 역할을 가능하게 만드는 것이다.[29]

그러나 우리는 이러한 완충장치를 갖추지 못하고 있을 뿐만 아니라, 단기간에 갖추게 될 전망도 크지 않다. 그것이 미국과 달리 승자독식의 정치구조가 갖는 문제들이 대한민국에서는 더욱 심각하게 나타날 수밖에 없는 이유이다.

---

[29] 물론 종신직이 장점만 갖는 것은 아니며, 단점에 대한 우려도 만만치 않다. 정년조차 없는 종신직은 연방대법관을 보수화시키며, 자칫 성역처럼 만들 수 있다는 우려도 있다. 실제도 미국에서는 뉴딜 입법 당시에 연방대법원이 위헌판결을 내리면서 갈등이 매우 날카로웠던 적도 있었다. 이에 관해서는 김진희(2009), "뉴딜개혁과 대법원", 〈세계역사와 문화연구〉, 21집, 249~276쪽 참조.
　독일의 연방헌법재판소가 재판관의 임기를 종신직 대신에 12년 단임으로 정한 것도 양자의 균형점을 모색한 것이라 볼 수 있다.

3. 제왕적 대통령제의 극복:
개발독재와 운동권 문화의 잔재를 벗어나자!

1) 제왕적 대통령제의 의미와 배경

제왕적 대통령제 Imperial Presidency라는 말은 1970년대 미국에서 시작되었지만,[30] 국내에서 더 많은 공감을 얻었다. 비록 국제사회에서 미국 대통령의 역할과 비중은 압도적이지만, 국내 정치에서 대통령이 차지하는 비중을 따질 때, 대한민국 내에서 대통령의 비중이 미국 내에서 대통령의 비중보다 크기 때문일 것이다.

　그러나 미국에서도 그러하듯이 대한민국에서도 제왕적 대통령은 긍정적 의미로 사용되지 않는다. 가왕 조용필, 피겨의 여왕 김연아 등 왕의 칭호를 붙일 때에는 그 분야에서 최고의 업적을 남겼다는 의미를 갖는다. 하지만 대통령에게 왕의 칭호를 붙이는 것은 군주제라는 구체제 Ancien Régime를 무너뜨리고 성립한 민주국가의 대표라는 대통령의 본질과 맞지 않기 때문이다.

---

[30] 미국에서 제왕적 대통령제라는 용어는 1973년 슐레진저 Arthur Schlesinger가 *The Imperial Presidency*라는 책을 출간하면서부터 사용된 것으로 알려져 있다. 이에 관해서는 홍득표(2002), "제왕적 대통령론: 그 특징과 원인을 중심으로", 〈윤리연구〉, 50권, 145~171쪽 참조.

민주국가의 대통령은 군주국가의 왕일 수 없고, 왕이어서는 안 되는데, 제왕적 대통령이라고 불리는 것은 자기모순일 수밖에 없다. 결국 제왕적 대통령은 민주국가에 맞지 않는 이질적 존재, 나아가 위험한 존재이다. 그러한 제왕적 대통령이 민주화 이후에까지 계속 존재한다는 모순과 역설은 세 가지 측면에서 설명될 수 있다.

첫째, 제왕이라는 표현이 시사하듯이, 제왕적 대통령제는 군주국가의 잔재라고 보아야 할 것이다. 이미 대한민국의 역사에서 군주국가는 한일병탄 이전에 존재했던 것이다. 하지만, 일제 강점기에도 일본이라는 군국주의 군주국가의 식민지 상태였다. 그러한 역사로 인해 대통령을 왕으로 생각하는 경향은 대통령제 국가에서 일반적 현상이다.[31]

둘째, 제왕적 대통령에 대한 국민들의 평가에 큰 영향을 미친 요소 중 하나로 개발독재와 박정희의 카리스마를 들 수 있다.[32] 이승만과 함께 가장 강력한 정치적 카리스마를 발휘했던 대통령이 박정희였다. 그들의 공과 과에 대해서는 다양한 평가가 있지

---

31 이 점은 미국에서도 초기에는 대통령을 선거군주로 생각했다는 점에서도, 제2차 세계대전 이후의 신생 독립국들이 군주국가의 경험으로 인해 대부분 그와 유사한 형태인 대통령제를 채택했다는 것에서도 확인된다.

32 박정희 시대의 개발독재에 관해서는 김광희(2008), 《박정희와 개발독재》, 선인, 참조.

만, 적어도 그들의 카리스마를 부인할 수 없으며, 그것이 대한민국 정치발전에 미친 영향도 마찬가지이다.

특히 박정희의 카리스마는 그가 추진했던 개발독재와 불가분의 관계에 있다. 당시 다수의 국민들은 박정희를 굶주리던 국민들을 먹고살게 해 준 대통령으로 기억하고 있으며, 그것이 또한 개발독재를 밀어붙일 수 있는 추진력이 되기도 했기 때문이다.33

셋째, 민주화 이후에도 남아 있는 권위주의 정부에 대한 향수가 제왕적 대통령을 가능케 했다는 점에 주목할 필요가 있다. 이를 상징적으로 보여 주는 것이 청와대 내지 대통령실 중심의 국정운영이다.34

이러한 문제가 지속적으로 지적되면서 문재인 대통령은 취임 전에 청와대 시대를 끝내고 광화문 시대를 열겠다고 약속했으나, 그 약속은 지켜지지 않았다. 또한 윤석열 대통령은 대통령실을 청와대에서 용산으로 이전했지만, 정작 대통령실 중심의 국정운

---

33 개발독재라는 독특한 경제개발 방식 자체가 박정희 권위의 원천이 되었다. 이것이 4·19 혁명을 통해 이승만 정부를 무너뜨리고, 내각제 개헌을 통해 제2공화국을 탄생시켰던 국민들이 제왕적 대통령제를 수용하는 데 큰 영향을 미쳤던 점은 부인하기 어렵다.

34 내각보다 청와대 또는 대통령실이 더 큰 비중을 갖는다는 것은 대통령이 합리적으로 제도화된 관료조직보다는 수시로 개인적 접촉이 가능한 측근들에게 더 많이 의존한다는 것이다. 이는 과거 최고의 인재들이 청와대에 모여 있던 시절과 달리 다양한 분야에 인재들이 분포되어 있는 21세기 현실과 맞지 않는다.

영이라는 핵심적 문제는 바꾸지 않았다. 여전히 권위주의 정부의 국정운영 스타일을 답습했던 것이다.[35]

보다 근본적인 문제는 대통령의 리더십이 민주적 리더십이라기보다는 권위주의적 리더십에 가깝다는 점이다. 민주적 리더십의 기본은 대화와 타협이며, 이를 위해서는 반대파와의 소통이 가장 중요한 전제이다.[36] 그런데 최근 대통령들이 계속 소통 부재가 문제되는 것은 결국 권위주의적 대통령(즉, 제왕적 대통령)을 의식적 또는 무의식적으로 롤모델로 삼았던 까닭이 아닌가 의문이다.

2) 개발독재와 운동권 문화의 잔재

개발독재가 1960~1980년대의 경제발전을 가능케 한 매우 특별한 개발모델이며, 당시에 큰 성과를 거두었고, 지금까지 동남아나 중남미 저개발국가들의 발전모델로 많이 거론되는 것은 분명

---

35 이런 점에서 윤석열 대통령의 대통령집무실 이전은 알맹이가 빠진 것이라고 평가할 수밖에 없다. 그동안 계속 청와대 시대를 끝내야 한다는 목소리가 높았던 것은 내각 중심의 국정운영을 기대했기 때문인데, 정작 그러한 변화는 없었기 때문이다.

36 그런 점에서 윤석열 대통령이 취임 직후 1년이 넘는 기간 동안 민주당의 이재명 대표를 만나지도 않았던 것은 소통의 부족으로 지적될 수밖에 없다.

한 사실이다. 그러나 과거 개발독재가 대한민국에서 성공할 수 있었던 것은 특수한 상황 때문이다. 즉, 인재와 자본이 모두 부족한 상태에서 선택과 집중이 불가피했던 것이다.

1960년의 상황에서 서구의 발전모델을 차용하여 경제의 고도성장을 꾀하기에는 이를 이끌어 갈 지식이나 경험을 가진 인재도, 경제개발을 위해 투자되어야 할 자본도 부족한 상태였다. 이러한 상황에서 대한민국의 최고 인재들을 청와대에 모아서 이들의 주도로 국가발전의 틀을 만들고, 이를 강력히 추진하는 방식의 발전모델이 채택되었다. 국내 자본의 부족을 재벌 육성을 통해 단기적으로 해결하려는 것이 개발독재의 핵심이었다.

그 과정에서 부의 집중과 분배의 평등 문제 등이 제기되었을 뿐만 아니라,[37] 노동자의 인권에 대한 많은 갈등이 발생했으나, 목표했던 경제성장에서는 확실한 성과가 나타났다. 문제는 이러한 개발독재의 발전 방식은 21세기 대한민국에는 적용될 수 없다는 것이다. 이미 대한민국의 인재나 자본이 청와대(대통령실) 주도의 정책 추진이나 재벌 중심의 자본 형성이 필요한 단계는 훌쩍 넘어섰기 때문이다.

---

[37] 이에 관해서는 김왕배(2004), "개발독재와 한국의 불균등 발전의 구조", 〈2004년 한국사회학회 기획심포지움 논문집〉, 79~91쪽 참조.

그럼에도 불구하고 여전히 청와대 또는 대통령실 중심의 국정 운영이 계속되는 것은 왜일까? 이제는 대통령실에 모인 비서관이나 행정관 등이 대한민국 최고의 인재로 꼽히는 것도 아닌데, 왜 정부부처의 유능한 인재들을 두고 대통령실의 참모들 중심으로 국정을 운영하려 하는 것일까? 나아가 여전히 개발독재 시절의 권위주의적 리더십이 가장 효율적인 국정운영이라고 착각하는 것은 아닌지 우려스럽다.

또한 권위주의 시절에 반독재 투쟁에 앞장섰던 운동권 세력이 정치화된 이후에 이른바 운동권 문화가 민주주의의 올바른 발전에 장애가 되었다고 평가되는 부분에 대해서도 진지한 성찰이 필요할 것이다.38 민주와 독재의 대립 구도에 익숙했던 운동권 세력은 민주화 이후에도 대화와 타협의 민주정치가 아닌 대립과 갈등의 정치를 계속했고, 그것이 오늘날의 극단적인 진영 갈등에 일조한 부분이 있다고 보아야 할 것이기 때문이다.

21세기 대한민국이 새롭게 도약하기 위해서는 개발독재에 대한 향수도, 대립과 투쟁의 운동권 문화 유산도 모두 털어 버리고,

---

38 강준만(2016), "왜 자꾸 '당신 80년대에 뭐했어?'라고 묻는가?: '운동권 체질'이 진보를 죽이는 이유", 〈인물과 사상〉, 통권 216호, 37~70쪽; 이동연(2020), "86세대의 문화권력과 그 양가성에 대하여", 〈문화과학〉, 통권 제102호, 78~104쪽 참조.

적대적 대립이 아닌, 상호 존중 속의 대안을 찾아야 한다. 서로를 피폐하게 만드는 소모적 갈등이 아니라 서로의 약점을 보완하면서 서로가 발전하는 생산적 경쟁으로 나아가야 한다. 그것이 대한민국이 발전하는 가장 올바른 길이다.

3) 진정한 민주주의 정착을 위한 개혁: 제도냐? 사람이냐?

대한민국에서 진정한 민주주의를 정착시키기 위한 가장 중요한 출발점은 — 국민주권, 대의제 등의 이미 갖춰져 있는 제도를 전제할 때 — 상호 존중을 전제한 관용이다. 서로를 존중하지 않고, 서로를 독재의 후예로, 혹은 종북 좌파로 매도할 때, 민주주의가 올바르게 뿌리내리는 것은 불가능하다.

　여기서 주목할 점은 제도의 문제와 사람의 문제를 구분하면서 양자택일의 논리를 펴서는 안 된다는 것이다. 진정한 민주주의를 위한 대한민국의 개혁은 제도의 문제만도 사람의 문제만도 아니다. 제도와 사람이 모두 함께 개선되고 개혁되어야 한다.

　그동안 제도가 아닌 사람이 문제라는 주장은 수없이 반복되었다. 국가 개혁을 위해 국가지도자의 능력과 인품이 중요하다는 점은 부인하기 어렵다. 그 때문에 플라톤의 철인정치론을 비롯하여 유능한 지도자의 필요성을 강조하는 주장이 끊이지 않았다. 그러나, 항상 올바른 지도자를 선출할 수 있다는 보장이 없기 때문에 삼권분립이 필요하고, 상호 견제와 균형이 필요한 것 아닌가?[39]

반면에 제도의 중요성을 강조하는 견해도 만만치 않다. 국가 지도자의 교체에도 불구하고 국가의 계속성과 안정성을 확보하기 위해서 제도가 필요하며, 제도의 개선이 곧 사람의 개선을 가능케 한다는 것이다. 그동안 정치권의 물갈이를 한다면서 사람을 바꾼 적이 여러 차례 있었지만, 실제로는 물은 그대로 두고 물고기만 갈았던 것이라는 비판이 있다. 물갈이는 물고기 교체 이전에 수질 개선이 전제되어야 한다는 것이다.

사람도, 제도도 완벽하지 않다. 상호 보완이 최선의 해법이라고 할 수 있다. 말하자면 수질 개선으로 3급수를 1급수로 바꿈과 동시에 물고기도 1급수에서 사는 물고기로 바꾸어 줘야 하는 것이다. 그러므로 진정한 민주주의 정착을 위해서는 개헌을 통해 국가 시스템을 개혁하는 것과 더불어 주권자인 국민들이 정치지도자들을 올바르게 선출할 수 있도록 정당법, 선거법, 정치자금법 등도 함께 개혁해야 할 것이다.

---

39 삼권분립은 신뢰의 원칙이 아닌 불신의 원칙에 기초한 것이다.

4. 승자독식의 정치제도 개혁: 분권과 협치

1) 승자독식의 성격과 구조

앞서 언급한 바와 같이 승자독식은 대통령제의 특징이며, 미국의 경우에는 효율적 완충장치를 통해 대통령제를 성공시키고 있다. 그러나 그러한 전제조건을 갖추지 못한 국가들에서는 대통령제를 성공시키기 어려우며, 심지어 미국이 유일하게 대통령제로 성공한 나라라는 평가도 있다.

민주화 이후 8명의 대통령이 있었다. 그중에서 노태우 대통령은 제5공화국과 제6공화국 사이의 과도기라고 본다고 하더라도 김영삼 대통령 이후 김대중·노무현·이명박·박근혜·문재인·윤석열 대통령에 이르기까지 7명의 대통령이 모두 실패한 대통령으로 평가되는 것은 어떤 이유인가?[40]

민주화의 상징이었고, 문민정부의 각종 개혁을 통해 높은 지지를 얻었던 김영삼 대통령, IMF 위기 상황에서 국정을 맡아 효율적으로 관리하면서 영호남 갈등 완화에도 크게 기여했던 김대

---

40 역대 대통령에 대한 평가에 관해서는 진영재(2001), " '성공한' 대통령과 '실패한' 대통령: '인물론', '조직론', 그리고 '국민선택론' ", 〈한국정치학회보〉, 35집 2호, 481~497쪽 참조.

중 대통령, 대한민국 정치에 새바람을 일으켰던 노무현 대통령, 기업인 출신 대통령으로서 경제대통령을 자부하던 이명박 대통령, 독재자의 딸이라는 오명을 딛고 대한민국 최초의 여성 대통령이 되었던 박근혜 대통령, 박근혜 대통령의 탄핵 이후에 많은 기대 속에 당선되었던 문재인 대통령, 그리고 박빙의 승부 끝에 이재명 후보를 누르고 대통령에 당선되었던 윤석열 대통령 …. 모두가 시작은 창대했으나 끝이 초라했던 것은 왜인가?

대한민국 국민들의 대통령에 대한 평가 기준이 너무 가혹한가? 아니면 모든 대통령이 운이 나빴나? 혹은 어떤 구조적 요인이 있었나?

여러 가지 요인들이 복합적으로 작용한 것이라고 할 수 있지만, 가장 주목해야 할 점은 성공한 대통령을 만들기 위해 협력하는 것이 아니라 — 대통령의 실패가 곧 대한민국의 실패로 이어질 가능성이 매우 높음에도 불구하고 — 실패한 대통령을 만들어 정권을 교체하려는 경향이 더욱 강하게 나타나고 있다는 점이다. 이는 선의의 경쟁을 불가능하게 만드는 승자독식의 정치구조로 인하여 발생하는 것이다.

승자독식은 제로섬게임이 아니라 전부 또는 전무all or nothing의 게임이다. 패자에게 너무나 가혹하기 때문에 더욱 치열한 경쟁이 되고, 그 결과가 보수궤멸론과 같이 아예 상대를 무력화시키고 20년집권론처럼 장기집권을 꾀하는 것이다. 서로가 이렇게 극단적 대립을 계속할 경우에 대한민국의 민주정치는 퇴행할 수밖에 없다. 이미 지난 10년 이상 이러한 퇴행이 뚜렷이 나타나고 있다.

이제는 승자독식의 정치구조를 개혁해야 하며, 그 방향은 국가권력의 독식이 아닌 분권이 되어야 한다. 대한민국의 발전을 가로막는 진영 갈등의 극단화가 아니라, 대화와 타협을 가능케 하는 협치가 되어야 한다. 최근 제10차 개헌의 화두로 분권과 협치가 이야기되는 것은 바로 그 때문이다.

2) 선거제도의 개혁

국가권력의 승자독식은 선거의 결과물이다. 크게는 대통령 선거의 결과에 따라 정권의 유무가 갈리는 것이고, 작게는 각 선거구별 국회의원 선거의 결과에 따라 후보자의 당락이 결정되는 것도 승자독식이라고 할 수 있다.

대통령 선거에서 승자독식을 배제하는 것은 구조적으로 가능하지 않다. 여러 명의 대통령을 뽑아 각기 권한을 분배할 수는 없기 때문이다. 다만, 대통령의 권한을 총리와 나눔으로써 분권을 시도하는 것이 가능할 뿐이다. 대통령 선거의 개선 방안으로 주

로 논의되는 것은 결선투표제의 도입이다.[41]

제1차 투표에서 과반 득표자가 없을 경우에 1차 투표의 1순위 후보자와 2순위 후보자를 두고 2차 투표를 함으로써 당선자를 확정하는 것이 결선투표제다. 이는 분권의 의미보다는 국민의 의사를 보다 정확하게 확인·반영하며, 대통령의 민주적 정당성을 강화한다는 의미를 갖는다.[42]

예컨대 1988년의 제13대 대통령 선거에서 '1노 3김'이 후보자로 나선 결과 노태우 후보가 36.64%의 득표로 당선되었다. 당시 김영삼 후보는 28.03%, 김대중 후보는 27.04%, 김종필 후보는 8.06%였다. 만일 당시에 결선투표제가 있었다면 결과는 달라지지 않았을까? 그리고 그것이 국민의 의사에 더 맞는 것이 아니었을까?

반면에 국회의원 선거에서 결선투표제를 도입하자는 논의는 찾아보기 어렵다.[43] 오히려 국내에서는 소선거구 다수대표제를

---

41 이에 관해서는 김정현(2019), "대통령 선거의 결선투표제에 대한 헌법정책론적 접근", 〈헌법학 연구〉, 25권 4호, 143~181쪽 참조.

42 최근의 개헌안들에서는 결선투표제 도입을 포함한 것들이 많다. 이는 양당제가 확고한 경우가 아니라면 결선투표제 도입이 국민 의사의 정확한 반영을 위해, 그리고 대통령의 민주적 정당성 강화를 위해 필요하다는 점 때문이다.

43 프랑스의 사례에 관해서는 윤기석(2017), "프랑스 총선 결선투표제의 정치적 함의", 〈정치비평〉, 10권 1호, 137~164쪽 참조.

중대선거구 소수대표제로 바꾸자는 논의가 꾸준히 계속되고 있다. 이를 통해 지역구도를 타파하고, 특정 정당의 승자독식을 깨뜨릴 수 있다는 주장도 나오고 있으나, 그 실제 효과는 미지수다.

하나의 선거구에서 2명을 선출하는 중선거구제도는 사실상 양대 정당의 나눠먹기가 될 우려가 매우 크다.[44] 국민들의 지지율 격차에도 불구하고 똑같이 1석씩 획득한다는 것이 국민의 의사를 정확하게 반영하는 것이라고 보기 어렵다.[45]

또한 하나의 선거구에서 3~5명을 선출하는 대선거구의 경우에는 모든 정당이 하나의 선거구에 1명의 후보자를 내는 것이 아니라면, 지역구도 타파에 도움이 되지 않는다. 특정 정당이 특정 선거구의 의석 모두를 독점할 가능성이 크기 때문이다. 그렇다고 모든 정당이 1명의 후보자만 낼 경우에는 득표율 차이에도 불구하고 1석씩 획득하는 것이 국민 의사의 정확한 반영이 아니라는 문제점과 더불어 군소정당의 난립의 우려도 커진다.

이러한 문제를 근본적으로 해결하고, 최근 국회의원 선거에서 크게 문제되고 있는 정당별 득표율과 의석점유율의 불비례성 문

---

44 유신체제에서 중선거구제도를 채택했던 것도 국회의원 정수의 3분의 1을 대통령이 사실상 지명하여 선출할 수 있으므로, 나머지 3분의 2의 국회의원을 여야가 나누더라도 여당은 안정적으로 3분의 2의 의석을 확보할 수 있다는 점 때문이었다.
45 예컨대 90%의 지지를 받은 정당과 10%의 지지를 받은 정당이 똑같이 1석이라는 것이 국민의 의사를 정확하게 반영하는 것이라고 보기는 어렵다.

제를 해소하기 위해서는 비례대표 선거의 강화가 필요할 것이다. 가장 확실한 방안은 독일식 연동형 비례대표제라고 할 수 있다. 이른바 준연동형 비례대표제와 위성정당의 문제는 대한민국 선거제도에서 국민 의사를 더욱 왜곡하고 있다. 이 문제가 해결되어야 선거의 민주성 및 양대 정당 중심의 선거제도로 인한 승자독식 문제를 완화할 수 있을 것이다.

3) 다층적 분권구조를 통한 국민통합 및 협치의 실현

현대 민주국가에서 삼권분립은 보편화되어 있지만, 복잡화된 현대 민주국가의 권력구조는 삼권분립만으로 충분히 분권화되지 못한다. 그러므로 분권의 실질화를 위해서는 다층적 분권구조의 도입이 필요하다.

　예컨대 입법-집행-사법으로 나누어지던 삼권분립을 다시금 입법 내에서 상원과 하원 사이의 분권, 집행 내부에서 대통령과 총리의 분권, 사법을 다시 법원과 헌법재판소 사이의 분권으로 세분화하는 것이 필요하다. 그 밖에 지방분권의 강화를 통해 중앙정부와 지방정부의 역할 분담이 중앙정부의 일방적 결정이 아닌 중앙과 지방의 협의와 협력을 통해 결정되는 것도 필요할 것이다.

그림 3-1 삼권분립을 실질화하는 다층적 분권구조

국회에서 하원은 현재와 같은 방식으로 하되 비례성을 높이도록 하며, 상원은 지역대표형 상원46의 형태를 고려해 볼 수 있을 것으로 보인다.

대통령은 국민이 직접 선출하되, 국정의 계속성과 안정성을 담보할 수 있도록 국회로부터 독립해야 한다. 총리는 국회에서 선출하고 국회와 유기적 협력을 계속하면서 내각을 운영하되, 국회의 내각불신임권, 총리의 (대통령의 협력을 통한) 국회해산권이 인정되어야 할 것이다.47

---

46 지역대표형 상원에 관해서는 김수연(2016), "지방의 입법참여를 위한 국회구성 개선 방안", 〈공법학 연구〉, 17권 3호, 27~48쪽; 박인수(2017), "지역대표기관으로서의 프랑스 상원 연구", 〈유럽헌법연구〉, 25호, 301~326쪽; 안성호(2007), "지역대표형 상원의 논거와 특징 및 설계구상", 〈한국행정학보〉, 41권 3호, 117~142쪽; 안성호(2021), "강한 민주주의 헌법개혁: 분권화와 양원제 개헌", 〈한국행정연구〉, 30권 4호, 37~68쪽 참조.

그 밖에 선거관리위원회뿐만 아니라 감사원도 헌법상의 독립 기관으로 구성하는 것이 분권의 실질화를 위해 바람직할 것으로 보인다.[48] 최근 제왕적 대통령의 문제에 못지않게 제왕적 국회 문제가 논란이 되는 상황에서 이와 같은 다층적 분권구조는 대한민국의 분권이 실질화되는 데에 큰 역할을 할 수 있을 것으로 기대된다.

현행헌법상의 분권구조에 비추어 보면, 입법부의 양원제, 정부의 대통령과 총리 사이의 분권이 새로운 형태의 분권이라고 할 수 있다.

종래 양원제에 대해서는 기대와 우려가 엇갈리고 있었다. 양원제 도입에 따른 상원의 설치가 단원제에서 나타나는 여야의 극단적 갈등과 대립에 대한 완충장치가 되리라는 기대가 있는가 하면, 제2공화국 당시의 참의원처럼 그 존재 의미가 뚜렷하지 않은 유명무실한 기구로 전락할 수 있다는 우려도 있다.[49]

---

47 분권형 정부(이원정부제)의 기본적 구조 및 특성에 관해서는 장영수(2012), "개헌을 통한 권력구조 개편의 기본방향: 분권형 대통령제의 가능성을 중심으로", 〈고려법학〉, 67호, 1~34쪽; 장영수(2017), "정부형태의 선택 기준과 분권형 정부형태의 적실성", 〈고려법학〉, 86호, 239~272쪽 참조.

48 감사원의 독립기관화에 관해서는 윤수정(2014), "감사원의 지위에 관한 헌법적 고찰: 감사원의 기능과 소속에 대한 비판적 검토를 중심으로", 〈한국부패학회보〉, 19권 4호, 15~37쪽; 차진아(2017), "감사원의 독립성 강화를 위한 개헌의 방향과 대안", 〈공법학 연구〉, 18권 2호, 111~148쪽 참조.

그러나 최근 대화와 타협이 실종된 극단적 진영 갈등의 현실에 비추어 볼 때, 변화의 필요성은 뚜렷하다고 볼 수 있다. 과연 양원제가 어느 정도의 성과를 보일지는 누구도 장담할 수 없지만, 적어도 시도해 볼 가치는 있을 것으로 보인다. 지역대표형 상원이든 원로원이든 현재의 국회와는 다르게 구성될 것이며, 지방소멸 시대에 이를 막을 수 있는 보루의 역할과 더불어 여야 갈등을 완화시키는 제3의 세력이 될 수 있을 것인지가 성공의 관건일 것이다.

---

49 이러한 양원제에 대한 찬반은 근대 시민혁명 당시부터 존재했다. 프랑스대혁명 당시에 시에예스E. J. Sieyès가 "제2원의 의사가 제1원과 일치한다면 제2원은 불필요하고, 일치하지 않는다면 유해하다"고 말했던 것처럼, 국민대표성이 강한 하원 이외에 별도로 상원, 특히 귀족원을 둔다는 것에 반대 견해가 많았던 것이다.

　　그러나 군주제가 몰락한 이후에 연방국가에서 양원제가 확산되면서 양원제의 의미에 대한 인식도 바뀌었다. 무엇보다 양원제를 도입하면, 국민 다수에 의해 지지되는 정책이 하원에서 통과된 경우에도 특정 주州의 주민들에게 불리한 경우에는 상원에서 이를 조정할 가능성이 생긴다. 즉, 입법절차가 더 신중해지며, 소수자의 보호 가능성이 더 커지는 것이다. 하원에서는 국민대표성을 통해 민주성을 확보하는 반면에, 상원에서는 인구가 적은 주들의 입장을 대변할 수 있도록 함으로써 연방으로부터 이탈하려는 심리를 막아 주는 통합적 효과도 기대할 수 있다.

　　이러한 양원제의 장점과 단점은 표리 관계에 있다. 신중한 입법절차는 입법절차의 비효율성이라는 단점과 맞물려 있으며, 양원제를 운영할 때 단원제에 비하여 시간과 비용이 많이 들어가는 것은 불가피하다. 또한 대표성의 문제도 양원제의 딜레마라 할 수 있다. 인구비례로 선출되는 하원과 달리 상원은 주의 대표로 구성되기 때문에 인구가 적은 주의 과다대표 문제가 끊임없이 제기된다.

대통령과 총리 사이의 분권은 대통령제의 승자독식을 극복하고 발목잡기 경쟁이 아닌 선의의 경쟁이 가능한 구조라는 점에 주목할 필요가 있다. 특히 여소야대 정국에서 야당은 정부의 실패를 통해 집권하려는 경향 때문에 발목잡기에 진심인 경우가 많다. 국가 전체를 위해서는 이러한 소모적 경쟁보다는 대통령과 총리 중 누가 맡은 바 국정운영을 더 잘 하는지에 대한 선의의 경쟁이 훨씬 바람직할 것이다.

이렇게 협치를 제도화함으로써 대한민국 국가 시스템을 21세기에 맞는 것으로 변화시킴과 동시에 새로운 발전의 동력을 강화하는 것도 분권과 협치의 결합을 통해서 가능하게 만들 수 있다.[50]

---

50 이에 관해서는 장영수(2018), "제10차 개헌의 의미와 방향: 분권과 협치", 〈공법학 연구〉, 19권 2호, 67~97쪽 참조.

5. 제10차 개헌, 어떤 방향으로 나아가야 할까?

1) 정치제도의 개혁과 정부형태

제왕적 대통령제의 극복과 관련하여 대통령 4년 중임제와 분권형 대통령제(이원정부제)가 대립하고 있으며, 의원내각제에 대한 주장은 크게 부각되지 못하고 있다.[51]

1948년 정부수립 이후 대한민국 헌법의 역사에서 만 1년에 미치지 못하는 제2공화국 당시 의원내각제의 경험을 제외하면, 대부분 대통령제를 채택했다.[52]

---

51 현재 대다수 국민들은 대한민국 정치, 특히 국회와 국회의원들에 대한 강한 불신을 갖고 있다. 그로 인해 의원내각제 정부형태에 대해서는 국민적 거부감이 여전히 크다. 전문가들 사이에서는 서구의 선진국들 중에서 대통령제로 성공한 나라는 미국밖에 없고, 의원내각제로 성공한 나라는 많다는 점에서도 의원내각제 선호도가 상당히 있지만, 국민들을 설득하지는 못하는 상황이다. 특히 최근 민주당이 과반 의석을 차지한 국회의 입법 독재에 대한 비판도 만만치 않다. 이런 상황에서 의원내각제를 채택한다는 것은 민주당이 과반 의석을 앞세워 내각까지 구성할 권한을 갖게 되어, 민주당의 독재를 막을 방법이 없다는 우려도 나오고 있다. 이러한 국민의 불신과 우려를 불식시킬 수 있는 대안이 마련되기 전에는 의원내각제 정부형태로의 개헌은 매우 어려울 것으로 보인다.
52 물론 5·16 군사정부와 같이 헌법이 사실상 무력화된 상태에서 강력한 독재권력을 행사한 경우도 있다. 하지만 적어도 헌법에 근거한 헌법상의 정부형태는 대부분 대통령제였다.

그 긴 시간의 대통령제를 통해 대통령제의 장단점에 대한 국민들의 이해가 깊어지고, 그에 따라 장점을 취하고 단점을 억제하는 것도 가능하지 않을까 기대됐다. 하지만 최근 10여 년의 경험을 통해 대한민국에서 대통령제의 문제점을 극복하고 분권과 협치를 실현하는 것은 아직 요원하다는 생각이 점차 확산되고 있다.53

우리 국민들이 여전히 내 손으로 대통령을 뽑는 것에 대한 기대가 크다는 분석도 나름의 설득력이 있다. 하지만 이것이 1987년 제9차 개헌 이후 40년 가까이 모든 대통령이 실패한 대통령으로 역사에 기록되는 악순환을 되풀이할 이유는 되지 못한다고 생각한다.

대통령제하에서 분권과 협치가 실종된 것은 승자독식의 정치제도54와 연방제 등 분권적 국가 시스템55의 부족, 그리고 대화

---

53 특히, 특별한 가중요건을 두고 있음에도 벌써 세 번째 대통령에 대한 탄핵소추가 있을 정도로 대통령의 권력 오남용이 계속 문제가 되고 있다. 이는 대통령제의 가장 큰 단점인 독재화 경향을 대한민국의 대통령제가 아직도 벗어나지 못한 것으로 볼 수밖에 없다.

54 승자독식의 정치제도의 개혁에 관해서는 앞의 '4. 승자독식의 정치제도 개혁: 분권과 협치' 참조.

55 형식적인 삼권분립만으로 현대 국가의 분권을 실질화하는 데에 충분치 못하다는 점은 널리 인정되고 있다. 향후 대한민국에서도 연방제에 대해 진지하게 고민할 필요가 있거니와, 그 밖에도 다양한 분권적 요소들의 도입을 다각도로 검토해야 할 것이다.

와 타협의 정치문화56가 성숙하지 못했기 때문이다. 이러한 문제를 근본적으로 해결하기 못한 상태에서 대통령제를 고집하는 것은 또 다른 실패를 향해 달리는 것밖에 되지 못한다.

이를 대통령 5년 단임제의 문제로 치부하고, 4년 중임제를 도입함으로써 해결할 수 있다고 보는 것은 근거 없는 낙관이다. 제왕적 대통령의 현실 속에서 4년 중임제는 8년 단임제와 유사하게 작동할 것이라는 우려가 매우 크다. 나아가 대통령으로의 권력집중이 더욱 강화될 수 있다는 우려도 만만치 않다.57

이런 상황에서 여대야소의 정치 형국이 되면, 정부–여당의 독주를 막을 방법이 없고,58 여소야대의 상황에서는 정부와 국회

---

56 승자독식의 정치구조와 대화와 타협의 정치문화 부재는 닭이 먼저냐 달걀이 먼저냐에 비유할 정도로 상호 연관성이 크다. 현재로서는 어느 쪽이 먼저인지를 따지는 것보다는 양자 모두 동시에 바꾸려는 노력이 필요할 것으로 보인다.

57 2024년 11월 25~26일의 여론조사에 따르면, 대통령 4년 중임제에 대한 찬성이 53.8%, 5년 단임제 21.6%, 이원정부제 9.1%, 의원내각제 6.8% 순이었다. 이에 관해서는 "헌법개정 시 국민 과반, 대통령 4년 중임제 선호", 〈뉴스핌〉(2024. 11. 28; 2025. 1. 1 검색) 참조. 여전히 4년 중임제에 대한 찬성이 과반인 셈이다. 그러나 2012년 당시에는 대통령 4년 중임제에 대한 찬성이 76.4%였던 것에 비하면 많이 낮아진 것이기도 하다. 이에 관해서는 "대통령 4년 중임제 76.4% 투표시간 연장 72.4% 찬성", 〈신동아〉(2021. 11. 21; 2025. 2. 20 검색) 참조.

58 문재인 정부에 대해 연성독재라는 비판까지 나왔음에도 여대야소의 상황에서 통제가 불가능했다. 문재인 정부가 연성독재라는 주장에 관해서는 "안철수 '문재인 정부는 연성독재, 신적폐 청산 국민운동 추진하겠다'", 〈매일경제〉(2020. 11. 16; 2025. 2. 20 검색) 참조.

의 끊임없는 갈등이 되풀이될 수밖에 없다[59]는 점을 최근 몇 년의 경험을 통해 충분히 확인하지 않았는가? 최근 분권형 대통령제에 대한 관심이 높아지는 것은 이 때문이다.[60]

2) 정치제도 개혁을 뒷받침하는 지방분권의 강화

2017년 국회 개헌특위 당시, 그리고 2018년 문재인 대통령 개헌안 발의 당시에 지방분권 개헌은 매우 뜨거운 화두 중 하나였다. 당시에는 연방제에 준하는 지방분권이 필요하다는 주장들이 많이 나왔지만, 개헌이 좌절되면서 지방분권 강화 또한 물거품이 되었다. 그런데 주목할 점은 국가권력 구조의 개편과는 달리 지방분권의 강화는 법률 차원에서도 충분히 시도될 수 있는 것이었는데 그러한 시도조차 없었다는 점이다.[61]

---

59 윤석열 정부 출범 이래의 탄핵소추 남발, 일방적 예산안 삭감 등의 여야 갈등과 이를 이유로 한 12·3 비상계엄은 이러한 갈등을 적나라하게 보여 주었다.

60 〈2017년 국회 개헌특위 자문위원회 안〉, 〈2025년 대화문화아카데미 새헌법안〉 등에서도 분권형 대통령제를 제안한다. 분권형 대통령제의 구체적 내용에 관해서는 장영수(2017), "분권형 정부형태에서 대통령-총리의 역할 분담에 관한 연구", 〈유럽헌법연구〉, 23호, 121~166쪽 참조.

61 이는 세 가지 관점으로 해석될 수 있다. 첫째, 당시 정치권에서는 지방분권 강화에 대한 진지한 의도를 갖고 있지 않았으며, 단지 정치적 수사로서 지방분권 개헌을 강조했을 뿐이다. 둘째, 당시 지방분권 개헌에 대한 강력한 목소리가 오히

그러나 지방소멸의 문제가 가시화되면서 지방분권에 대한 관심은 다시 높아지고 있다. 이를 바탕으로 지방분권 개헌이 본격적으로 논의될 수 있는 발판이 마련된 것도 의미 있는 일이라고 본다. 다만, 지방분권 개헌이 성공하기 위해서는 몇 가지 뚜렷한 목표에 집중할 필요가 있고, 신경 쓰고 조심해야 할 점도 있다.

첫째, 지방분권 개헌의 일차적 목표는 지방의 위상 강화이다. 후견적 지방자치로 불리는 현재의 지방자치는 중앙과 지방의 관계가 대등한 협력자의 관계가 아닌 명백한 상하관계로 구성되어 있다. 이제는 성년에 달한 지방자치가 제 기능을 발휘할 수 있기 위해서라도 지방의 위상이 강화되어야 한다.[62]

려 지방의 권력에 대한 우려를 자극하여 역풍을 불러왔다. 셋째, 지방분권의 강화를 연방제 도입과 동일시하면서 연방제에 대한 날카로운 찬반 논란의 영향을 크게 받았다.

이러한 세 가지 관점은 각기 나름의 일리가 있으며, 어느 하나가 절대적 원인이라고 할 수 없다. 하지만 개헌 실패 이후 제왕적 대통령제 등 다른 문제들에 대한 논의에 비해 지방분권 강화의 목소리가 크게 나오지 않았던 것도 이와 무관하지 않을 것이다. 기대가 컸던 만큼 실망도 컸던 것이다.

62 이를 위해 적어도 세 가지 요소가 갖춰져야 한다. 우선, 지방자치단체라는 이름을 지방정부로 바꿔야 한다. 비록 명칭의 변화일 뿐이지만, 그 의미는 결코 작지 않다. 마치 사람의 이름이 그 사람의 삶에 큰 영향을 주듯이 지방자치단체라는 이름으로 활동하는 것과 지방정부로 활동하는 것은 그 위상에 큰 영향을 줄 수 있다.

또한, 지방의 내적 역량을 강화해야 한다. 이를 위해 지방세에 관한 지방의 권한 강화를 통한 자치재정의 강화, 중앙정부의 후견적 관리·감독을 축소 내지 폐지, 실질적 자율성이 제한되는 교육자치와 자치경찰 등의 실질화가 필요하다.

둘째, 지방분권의 실질화를 위해 지역대표형 상원의 도입이 필요하다. 지방정부 또는 지역주민의 대표들이 상원을 구성하고 이들이 입법 과정 및 정부에 대한 정책 제안이나 통제 등의 활동을 하면, 자연스럽게 중앙의 정책 결정에 지방이 참여할 수 있도록 함으로써 지방의 위상과 역할이 크게 개선될 수 있을 것이다.63

셋째, 중앙과 지방의 권한과 역할의 재분배가 필요하다. 분권의 기본 원칙인 보충성 원칙을 따를 때, 중앙정부가 담당해야 할 권한과 역할은 제한적이다. 주권과 직결되는 외교, 통일, 국방 등의 문제, 국가적 통일성이 요구되는 문제, 지방 간의 갈등이 심각한 문제 등에 한정되어야 하는 것이다. 이렇게 볼 때 권한 및 역할이 재분배되어야 할 것들이 적지 않다.64

그리고 중앙과 지방이 일방적 지시와 복종의 관계가 아닌 대등성을 전제로 한 유기적 협력이 필요하다. 그 대표적 방안의 하나로 지역대표형 상원의 도입을 들 수 있다.

63 물론 지역대표형 상원에 대한 기대에 못지않게 우려도 있다. 그러나 이러한 우려는 상원의 역할과 기능을 조율·조정함으로써 상당 부분 불식시킬 수 있을 것이다. 예컨대 초기에는 하원 중심으로 국회를 운영하되 상원은 지방에 직접 관련되는 사항 등에 대한 권한을 중심으로 제한된 권한을 부여하고, 시간이 지난 후에 국민들의 평가를 반영하여 조금씩 권한을 확대하는 것도 하나의 방법이 될 수 있을 것이다.

64 예컨대 사회복지 및 교육에 관한 권한과 역할은 지방정부에게 있는 것이 합리적이며, 실제로 교육자치가 시행되고 있지만, 보건복지부와 교육부가 실질적 권한을 대부분 갖고 있는 것이 현실이다. 이런 문제들을 전향적으로 해결하기 위해서는 보건복지부나 교육부를 폐지하고 지방의 자율권을 강화하는 것이 필요할 수 있다.

모든 대한민국 국민들은 어느 한 지방의 주민이기도 하다. 그런데 지방분권의 강화에 반대하는 국민들이 있는 것은 왜일까? 국가에 대한 소속감이 지방에 대한 소속감보다 크기 때문일까? 아니면 국가에 대한 신뢰가 지방에 대한 신뢰보다 더 크기 때문일까? 어쩌면 지방소멸의 위기감을 느끼는 지역의 주민들과 대도시에 사는 주민들의 차이일 수도 있다.

중요한 점은 대한민국의 국민이라는 점과 어느 지방의 주민이라는 점이 충돌하지 않고 조화롭게 양립해야 한다는 것이다. 국가는 국가대로, 지방은 지방대로 서로를 존중하고 조화로운 상호 보완을 통해 상생할 수 있어야 한다. 이를 전제한 지방분권의 강화는 국가를 위해서도 도움이 될 것이며, 국민들 사이의 갈등과 대립도 완화할 수 있을 것이다.[65]

또한 사회복지나 교육 등의 영역에서 여러 지방의 협력이나 조율이 필요한 경우에는 중앙의 관리·감독이 아니라 여러 지방의 협의체를 통해 해결하는 것이 지방분권의 강화에 더 맞는 것이라고 볼 수 있다.

[65] 그런 점에서 지방분권 개헌은 21세기 대한민국 발전을 위해 매우 중요한 화두이지만, 신중하고 세심하게 기획되고 추진되어야 한다. 현재 대한민국 국민들은 중앙정부에 대한 불신과 불만이 적지 않지만, 그렇다고 지방에 대한 신뢰가 크게 높은 것도 아니다. 오히려 어떤 의미에서는 지방자치에 대한 불신이 더 큰 부분도 있다.

이런 점들을 충분히 고려하면서 지방분권 개헌에 대한 국민적 공감대를 차근차근히 형성하는 것이 필요하다. 또한 지방분권 개헌을 지나치게 앞세워 개헌의 다른 부분들과 충돌하지 않고 조화롭게 함께 갈 수 있도록 섬세하게 배려하는 것도 지방분권 개헌의 성공을 위해 매우 중요할 것이다.

3) 21세기 제4차 산업혁명시대에 맞는 헌법을!

새로운 헌법은 기존 헌법의 문제점을 개선하는 것일 뿐만 아니라, 21세기의 새로운 요구에 효율적으로 대응하는 것이기도 해야 한다. 그런 점에서 제10차 개헌에서 고려되어야 할 새로운 요구들은 결코 적지 않다.

지난 40년 동안 대두된 새로운 사회 변화로서 헌법적 대응이 요청되는 대표적인 예로 저출산 고령화, 20 대 80 사회, 정보화 및 글로벌화, 인공지능 발달과 제4차 산업혁명, 기후위기 등을 들 수 있다. 이러한 변화에 효율적으로 대응하는지 여부가 대한민국의 국가경쟁력을 좌우할 것이며, 나아가 글로벌 경쟁 속에서 대한민국의 미래를 결정할 것이다.

이 모든 문제에 효율적으로 대응하려면 우선순위를 정하고 단계적으로 대응하는 것이 불가피할 것이며, 선택과 집중의 논리가 다시 등장할 수 있다. 그러나 과거의 개발독재와 유사한 방식으로 대응하려는 것은 시대착오일 것이다. 정부 주도하에 전 국민이 일사불란하게 대응하는 것은 가능하지도, 바람직하지도 않다.

1960~1980년대 개발독재 시절, 대한민국의 발전 방향은 분명했다. 즉, 선진국의 경험에 비추어 도달해야 할 목표는 분명한

데 인적·물적 자원이 부족했고, 이를 확보할 방법이 문제인 상황이었다. 그러나 21세기 대한민국은 세계 어느 나라도 도달하지 못한 목표를 눈앞에 두고 선진국들과 경쟁해야 하는 상황이다. 단순히 인적·물적 자원의 확보가 문제되는 것이 아니라 최선의 결과를 위해 우선적으로 해결해야 할 과제가 무엇인지를 확인하고, 국제적인 협력이 필요한 부분과 대한민국이 독자적으로 추진해야 할 부분을 현명하게 구별해야 한다.

이러한 문제는 대통령이 몇몇 참모들과 함께, 혹은 국회에서 정치적 이해관계를 고려하여 결정할 문제는 아니다. 대한민국 국민들의 관심과 참여 속에 집단지성의 힘으로 결정하고, 헌법적 기초를 확고히 해야 할 문제이다. 비록 힘든 과제이지만, 이를 통해 대한민국의 향후 30년을 안정적 발전의 궤도에 올려놓는 초석이 마련될 수 있다.

6. 결론

'개헌은 시대정신의 변화를 수용하는 것'이란 말은 오래전부터 귀에 익숙하다. 그런데 왜 87년 체제는 시대정신의 변화에도 불구하고 근 40년 동안 변화 없이 유지되었을까? 87년 체제에 대한 국민들의 무한한 신뢰 때문이었을까? 아니면 정치권에서 개헌에 소극적이기 때문이었을까? 혹은 개헌의 필요성에 대한 공감대는 있었지만 개헌의 방향과 방법에 대한 합의가 너무 어려웠던 것일까?

분명한 것은 이제는 더 이상 87년 체제의 틀을 유지하는 것이 무리이며, 그 문제점들을 명확히 인식하고 올바른 방향으로 국가 시스템을 개혁하는 것을 미룰 수 없다는 것이다. 만일 이번에도 국가 시스템 개혁의 기회를 무산시킨다면, 대한민국의 새로운 도약을 위한 골든타임을 놓치게 되고, 대한민국의 미래는 과거의 영국처럼 쇠락하게 될 수 있다.

영국은 제1차 산업혁명을 주도한 이래 발전된 경제력을 바탕으로 제국주의 시대에 '해가 지지 않는 대제국'을 건설했다. 그런 영국이 제2차 세계대전의 승전 이후에 쇠락하고 오히려 패전국이던 독일이 빠르게 부흥하여 영국을 넘어선 것은 시대에 맞지 않는 영국의 낡은 시스템 때문이었다. 영국병이라 일컬어지던 영국의 침체 원인은 결국 시대정신의 반영을 게을리하고, 과거

에 대한 향수에 묻혀 있었기 때문인 것이다.[66]

우리도 지난 38년의 시대 변화를 무시하고 87년 체제에 안주할 경우에는 영국의 경험을 되풀이할 수 있다. 이제는 대한민국의 진취적 기상을 되살리고, 미래를 향해 나아가야 한다. 이를 위한 가장 중요한 기초가 헌법개정을 통해 승자독식의 정치제도 및 이와 맞물려 있는 제왕적 대통령제를 개혁하는 것이다.

물론 그 밖에도 40년 동안 축적된 개헌 사항은 무수히 많다. 이를 일시에 해결하려 할 경우에는 과거의 개헌 실패를 되풀이할 가능성이 매우 크다. 그러므로 제10차 개헌은 모든 개선 사항을 한꺼번에 해결하려 하기보다는 시급하고 중대한 사항, 국민적 공감대가 뚜렷한 사항, 그리고 여야 간에 합의가 가능한 사항부터 우선적으로 처리할 필요가 있다.

그리고 남은 과제들은 제11차 개헌, 제12차 개헌으로 이어져야 할 것이다. 다만 이를 위해 제11차 개헌이 다시 40년 후에 이뤄지는 것이 아니라, 조만간에 시도될 수 있도록 개헌 절차를 일부 연성화할 필요가 있다. 예컨대 국민들의 헌법개정발의권을 인정하면서 개헌 절차에서 국민투표를 생략하는 것도 고려해 볼 수 있다.

---

66 영국은 성문의 헌법전이 없는 불문헌법 국가이기 때문에 헌법개정의 문제는 아니었다. 다만, 시대정신에 맞는 실질적 제도 개혁, 국가 시스템의 개혁이 없었다는 점이 문제라고 지적되는 것이다.

참고문헌

강준만(2016), "왜 자꾸 '당신 80년대에 뭐했어?'라고 묻는가?: '운동권
　　체질'이 진보를 죽이는 이유", 〈인물과사상〉 통권 216호, 37~70쪽.

김광희(2008), 《박정희와 개발독재》, 선인.

김수연(2016), "지방의 입법참여를 위한 국회구성 개선 방안", 〈공법학
　　연구〉, 17권 3호, 27~48쪽.

김왕배(2004), "개발독재와 한국의 불균등 발전의 구조", 〈2004년 한
　　국사회학회 기획심포지움 논문집〉, 79~91쪽.

김정현(2019), "대통령 선거의 결선투표제에 대한 헌법정책론적 접근",
　　〈헌법학 연구〉, 25권 4호, 143~181쪽.

김진희(2009), "뉴딜개혁과 대법원", 〈세계역사와 문화연구〉, 21집,
　　249~276쪽.

박용일(2008), "6월항쟁, 절반의 성공", 〈내일을 여는 역사〉, 33호,
　　85~99쪽.

박인수(2017), "지역대표기관으로서의 프랑스 상원 연구", 〈유럽헌법
　　연구〉, 25호, 301~326쪽.

성낙인(2007), "통일헌법상 권력구조에 관한 연구", 〈공법연구〉, 36집
　　1호, 453~490쪽.

윤기석(2017), "프랑스 총선 결선투표제의 정치적 함의", 〈정치비평〉,
　　10권 1호, 137~164쪽.

안성호(2021), "강한 민주주의 헌법개혁: 분권화와 양원제 개헌", 〈한
　　국행정연구〉, 30권 4호, 37~68쪽.

_____(2007), "지역대표형 상원의 논거와 특징 및 설계구상", 〈한국행

정학보〉, 41권 3호, 117~142쪽.

윤수정(2014), "감사원의 지위에 관한 헌법적 고찰: 감사원의 기능과 소속에 대한 비판적 검토를 중심으로", 〈한국부패학회보〉, 19권 4호, 15~37쪽.

이동연(2020), "86세대의 문화권력과 그 양가성에 대하여", 〈문화과학〉, 통권 제102호, 78~104쪽.

장영수(2024), 《헌법학》, 홍문사.

_____(2023a), "1987년 헌법정신과 문민정부의 정책 방향", 《김영삼 대통령과 신한국 창조》(문민정부출범 30주년 기념 프로젝트), 87~129쪽.

_____(2023b), "대법원장, 헌법재판소장 추천위원회의 의의와 한계", 〈공법학 연구〉, 24권 3호, 99~124쪽.

_____(2022), 《대한민국헌법의 역사》, 고려대 출판문화원.

_____(2020), "사법혼란, 사법불신과 법치주의의 위기", 〈고려법학〉, 99권, 1~33쪽.

_____(2018a), "2018년 3월 26일 발의된 대통령 개헌안의 문제점: 권력구조를 중심으로", 〈공법연구〉, 46집 4호, 1~25쪽.

_____(2018b), "장영수, 제10차 개헌의 의미와 방향: 분권과 협치", 〈공법연구〉, 19권 2호, 67~97쪽.

_____(2018c), "사법부의 구성 체계에 관한 개헌 논의의 현황과 전망", 〈고려법학〉, 88호, 1~33쪽

_____(2017a), "정부형태의 선택 기준과 분권형 정부형태의 적실성", 〈고려법학〉, 86호, 239~272쪽.

_____(2017b), "분권형 정부형태에서 대통령-총리의 역할 분담에 관

한 연구", 〈유럽헌법연구〉, 23호, 121~166쪽

_____(2012), "개헌을 통한 권력구조 개편의 기본방향: 분권형 대통령
제의 가능성을 중심으로", 〈고려법학〉, 67호, 1~34쪽.

진영재(2001), "'성공한' 대통령과 '실패한' 대통령: '인물론', '조직론',
그리고 '국민선택론'", 〈한국정치학회보〉, 35집 2호, 481~497쪽.

차진아(2017), "감사원의 독립성 강화를 위한 개헌의 방향과 대안", 〈공
법학 연구〉, 18권 2호, 111~148쪽.

최장집(2005), 《민주화 이후의 민주주의》, 후마니타스.

홍득표(2002), "제왕적 대통령론: 그 특징과 원인을 중심으로", 〈윤리
연구〉, 50권, 145~171쪽.

2부

민주주의
회생의 길

4장

헌법현실에 기초한 헌법개정의 방향

성낙인

1. 헌법현실을 직시한 헌법개정 논의

민주주의의 고향이라는 영국에서 보통·평등·직접·비밀선거를
실시한 지 불과 20년 후인 1948년 대한민국도 이를 실현했다.[1]
역사의 기적이다. 1948년 헌법은 한편으로 대한민국의 건국헌법
이면서 동시에 대한민국 임시헌법의 법통을 이어받은 헌법이다.
이후 "헌법이 춤추는 왈츠 시대"를 잠재운 헌법이 바로 1987년
제6공화국 헌법이다.[2]

─────────

[1] 성낙인(2025),《헌법학》(제25판), 법문사, 155쪽 이하; 성낙인(1998),《선거법
론》, 법문사, 35쪽 이하 참조. 영국에서도 1928년의 제5차 선거법 개정을 통해
비로소 보통·평등선거가 실시되었다.

개헌 논의와 관련하여 이제 무엇보다 현행헌법에 대한 정확한 진단과 더불어 헌법규범과 헌법현실에 대한 정확한 이해가 전제되어야 한다. 이하에서는 필자의 헌법철학인 '국민주권주의', 그리고 법이념의 구현에 있어 실존적 현실을 직시한 '법적 실존주의 existentialisme juridique'와 정의의 여신이 추구하는 균형의 저울추를 규범과 현실에 착근하고자 하는 '균형이론 Balance Theory'에 기초하여 대한민국 헌법의 개정 방향을 살펴보겠다.[3]

---

2   성낙인(2005), "한국헌법사에 있어서 공화국의 순차(서수)", 〈서울대 법학〉,
    46권 1호, 서울대 법학연구소, 134~154쪽; 성낙인(2018), 《헌법학》(제18판);
    성낙인(2012), 《대한민국헌법사》, 법문사 참조.
3   이 글은 필자가 수년에 걸쳐 발표한 헌법개정 관련 논문 및 논설에 기초하여 작
    성했다. 그간 몇 년의 시간이 흘렀기 때문에 그 후에 전개된 개헌 논의를 추가했
    다. 특히 성낙인(2018), 《헌법학 논집》, 법문사, 3~71쪽; 성낙인(2004), "극단
    적 정쟁 해소를 위한 바람직한 정부·국회구조 개헌방향", '새로운 헌법의 모색과
    방향' 헌정회 주최 개헌포럼 기조발제문 참조.

2. 처음 맞이한 헌법의 안정 속에
   새로운 헌법의 모색

1) 혼란 중에 단행된 개헌에서 안정 속의 개헌으로

역사적으로 절대군주제의 종언을 고하는 공화국의 창건은 핏빛
으로 얼룩져 왔다. 주권재민의 근대혁명을 연 1789년 프랑스혁
명은 국왕을 '기요틴 guillotine의 이슬'로 사라지게 했다. 1948년
이 땅에 최초로 핏빛 없는 온전한 민주공화국 시대를 열었지만,[4]
그 대가로 어둡고 긴 역사의 터널을 헤쳐 나가야 했다. 1987년
까지 9개의 헌법이 명멸해 갔다.[5] 하나의 헌법이 4년을 채우지
못한 헌정사의 파탄 속에서 민주헌정은 집권자의 야욕으로 멍
들어 갔다.

  1952년 6·25 전쟁 때 임시수도 부산에서 야당과 민심을 외면
한 채 이승만 대통령은 대통령 직선제 개헌을 단행했다. 제1차
개헌의 화두가 간선 고수라면 제9차 개헌은 직선 쟁취였다. 정치

---

4   제헌헌법의 탄생에 관해서는, 김수용(2008), 《건국과 헌법》, 경인문화사; 제헌
    헌법 이전 연구로는 신우철(2008), 《비교헌법사: 대한민국 입헌주의의 연원》,
    법문사 참조.

5   성낙인(2012), 《대한민국헌법사》, 법문사; 김철수(1988), 《한국헌법사》, 대학
    출판사; 김영수(2000), 《한국헌법사》, 학문사; 한국정신문화연구원(1991), 《한
    국헌법사》(상)·(하).

제도에는 절대선도 없고 절대악도 없음을 단적으로 보여 준다. 역사의 아이러니이자 동시에 역사의 순환을 보여 준다. 역사의 물결과 흐름에 순응하는 것이 최고의 덕목이었다.

2) 시대정신에 순응한 헌법: 경성헌법에서 연성헌법으로

헌법이 지나치게 경직적이어서 국민생활의 현실이나 국민적 요구를 제대로 반영할 수 없었기 때문에 선택적 국민투표제의 도입을 통해 헌법개정에서 연성화의 필요성도 제기되었다.6 1972년 제4공화국 헌법에서도 개헌 절차에서 선택적 국민투표제를 도입한 바 있다. 다른 나라들도 오히려 필수적 국민투표제를 도입하는 것이 예외적인 경우다.

1990년 통일대업을 달성한 독일은 통일 후 능동적으로 국가통합을 달성하기 위하여 30회 이상 헌법개정을 단행했다. 이 모든 개헌은 양원합동회의를 통한 개헌이었다. 우리나라도 이제 새 헌법에서는 국회 재적의원 4분의 3 이상의 찬성으로 개헌이 가능하도록 해야 한다.

---

6   정대철 헌정회장(2014. 7. 17), "제헌절 제76주년 축사".

3) 21세기에 적응하는 헌법규범의 정비: 민주화·세계화·지방화·정보화

이제 산업화와 민주화를 동시에 달성하는 과정에서 배태된 헌법상 문제점을 정리하고 더 나아가 21세기의 화두인 세계화·지방화·정보화에 부응할 수 있는 헌법체제를 마련해야 한다.[7] 특히 제4차 산업혁명 시대에 급속하게 변모하는 인공지능 시대에 능동적으로 대응해야 한다.[8]

4) 체계 완결성을 담보하고 헌법의 흠결을 보정하는 헌법

첫째, 대법원이 위헌법률심사권을 가지고 있던 제3공화국 헌법 시절에 대법원이 1971년에 위헌판결(대법원 1971. 6.22. 선고 70다1010)을 내린 〈국가배상법〉 제2조 제1항 단서 조항을 1972년 유신헌법에서 헌법규범으로 만든 이후 제5공화국 헌법을 거쳐 현행헌법까지 그대로 유지하고 있다.[9]

---

7 현행 외국 헌법에 관한 자료로는 국회도서관(2018), 《세계의 헌법》(제3판); 국회헌법연구자문위원회 편(2009), 《세계각국헌법》; 김철수 편(2014), 《세계비교헌법》, 박영사 참조.

8 성낙인(2024), "AI 시대에 직면한 사회변동과 법적 과제", 〈4차 산업혁명 법과 정책〉, 7호, 4차산업혁명융합법학회, 3~31쪽.

9 헌재 1995.12.28. 95헌바3, 〈국가배상법〉 제2조 제1항 등 위헌소원(합헌, 각하).

둘째, 대통령 임기만료에 따른 후임자 선거와 대통령 유고에 따른 후임자 선거 규정이 상이하여 헌법규범 상호 간에 부정합의 문제가 발생한다.10

셋째, 대통령 선거 기간 중에 유력한 후보의 유고가 발생한 경우에 대비한 규정이 없다. 실제로 1956년·1960년 대통령 선거에서 민주당의 신익희·조병옥 후보가 선거 기간 중에 사망함으로써 대통령 선거가 왜곡되었다. 그럼에도 헌법·공직선거법에 명시적인 규정이 없다는 것은 중대한 헌법적 공백이다.11

넷째, 헌법 제84조 "대통령은 내란 또는 외환의 죄를 범한 경우를 제외하고는 재직 중 형사상의 소추를 받지 아니한다"는 대통령에게 부여한 형사상 특권에 대한 해석 논쟁을 헌법개정으로 해소해야 한다. 즉, 이와 관련하여 논쟁적인 취임 이전에 제기된 모든 재판은 재임 중에는 일단 중지되어야 한다는 점을 프랑스 헌법과 같이 헌법에 명시해야 한다.12

---

10 성낙인(2025), 《헌법학》(제25판), 566쪽 참조.

11 프랑스 헌법에서는 이에 관한 명문의 규정을 두고 있다. 성낙인(2007), "대통령 유고의 헌법 문제: 한국과 프랑스를 중심으로", 〈헌법학 연구〉, 13집 3호, 한국헌법학회, 참조.

12 성낙인(2025), 《헌법학》(제25판), 571쪽; 성낙인(2025. 5. 8), "성낙인의 헌법 정치: 판결 끝, 이제 표결", 〈아주경제〉 참조.

3. 대통령 중심의 정부형태를 유지하는
   권력구조의 온건한 개헌

1) 현실 진단에 기초한 권력분립과 정부형태 선택

정부형태와 권력구조의 형성과 작동에 정답은 없다. 따라서 주어진 헌법규범과 헌법현실에 기반하여 무엇이 가장 바람직한 헌법상 권력구조가 되어야 할 것인가의 논의가 그 출발점이어야 한다. 바로 그런 점에서 현행 제도가 정상적으로 작동하지 못한다면 제도 변경이 불가피하다.

2) 헌법규범을 중심으로 본 정부형태 구별론

헌법상 정부형태에 관한 논의는 대체로 순수한 미국식 대통령제, 순수한 의원내각제, 절충형(권력분산형) 이원정부제(반대통령제)로 나누어 볼 수 있다. 하지만 이는 어디까지나 헌법규범상으로만 들여다볼 경우에 그러하다. 헌법현실은 상이할 수 있다는 점도 고려해야 한다. 동시에 자유민주주의적인 정부형태가 비정상적으로 작동하는 경우는 별개의 문제라는 점을 인식해야 한다.

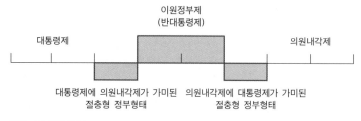

그림 4-1 헌법규범으로 구별한 5가지 정부형태

이원정부제
(반대통령제)

대통령제   의원내각제

대통령제에 의원내각제가 가미된   의원내각제에 대통령제가 가미된
     절충형 정부형태   절충형 정부형태

출처: 성낙인(1998).

우선 헌법규범을 중심으로 대통령제와 의원내각제라는 양극
단의 제도를 8등분하여 도식화하면 〈그림 4-1〉과 같다.13

첫째, 8분의 6 이상이 대통령제의 요소를 가질 경우에는 대통
령제로 보아도 무방하다. 따라서 헌법규범이 일부 의원내각제적
요소를 가지고 있더라도 이를 의원내각제나 이원정부제로 운영
하기는 어렵다.

둘째, 마찬가지로 8분의 6 이상이 의원내각제의 요소를 가질
경우에는 의원내각제로 보아도 무방하다. 따라서 헌법규범이 일
부 대통령제적 요소를 가지고 있더라도 이를 대통령제나 이원정
부제로 운영하기는 어렵다.

---

13 성낙인(2025), 《헌법학》(제25판), 법문사, 377쪽; 성낙인(2009), "이원정부제(半
   대통령제)의 구체화를 통한 권력분점의 구현", 〈공법연구〉, 38권 1호, 한국공법학회,
   269~297쪽 참조; 이 도표는 필자가 다음 논문에서 처음으로 제시했다. 성낙인(1998),
   "韓國憲法과 二元政府制(半大統領制)", 〈헌법학 연구〉 5권 1호, 한국헌법학회.

셋째, 8분의 5 이상 8분의 6 이하가 대통령제의 요소를 가질 경우에는 이를 단순히 대통령제로 보기는 어렵기 때문에 대통령제에 의원내각제의 요소가 가미된 절충형 정부형태로 본다. 이 경우 대통령제나 이원정부제로 운영될 수도 있다.

넷째, 8분의 5 이상 8분의 6 이하가 의원내각제의 요소를 가질 경우에는 의원내각제에 대통령제의 요소가 가미된 절충형 정부형태로 볼 수 있다. 이 경우 의원내각제나 이원정부제로 운영될 수도 있다.

다섯째, 8분의 3 이상 8분의 5 이하가 대통령제의 요소를 가지거나 반대로 8분의 3 이상 8분의 5 이하가 의원내각제의 요소를 가진 정부형태는, 이를 대통령제에 의원내각제의 요소가 가미된 절충형 정부형태 또는 의원내각제에 대통령제가 가미된 절충형 정부형태로 명명하기는 어렵기 때문에, 이를 제3의 독자적인 정부형태인 이원정부제로 분류해야 한다. 이런 헌법규범에서는 항시 이원정부제적 헌법현실이 전개될 가능성이 열려 있다.

이에 따라 전형적인 대통령제적 요소인 대통령의 사실상 직선과 전형적인 의원내각제적 요소인 의회의 대정부불신임권을 공유하는 헌법체제를 절충형 정부형태로 지칭한다. 이 경우 집행권은 명실상부한 이원화, 즉 양두화兩頭化가 된다. 이 점에서 이는 역사적으로 군주주권에서 국민주권(의회주권)으로 발전하는 과정에서 집행권을 왕과 의회의 신임에 기초한 정부가 양분한 이원적 의원내각제의 현대적 부활을 의미한다.14 하지만 오늘날 국민주권주의 시대에 왕이 실질적 권한을 가질 수 없기 때문에 국가원수로서 왕이 아닌 국민 직선의 대통령이 의회의 신임에 기초한 정부와 권한을 나누어 가진다는 점에서 반대통령제 semi-presidentialisme라고도 한다.15

이원정부제는 그 이상적인 성격에도 불구하고 집행권 내부에서 대통령과 내각의 권한배분 문제가 그리 간단하지 않기 때문에 언제나 논쟁적이다. 프랑스에서도 대통령과 의회의 신임을 받는 내각의 불일치에 의한 동거정부gouvernement de la cohabitation 출현에 따른 어려운 문제를 해결해 보려는 노력의 일환으로 대통령과 의회의 임기를 5년으로 통일시킨 바 있다. 하지만 이 경우에도 대통령이 의회해산권을 갖기 때문에 여전히 불일치가 문제된다. 실제로 2024년 6월 대통령이 의회해산권을 발동한 바 있다.

한국에서는 그간 1980년 전두환 군부가 도입하려 했다는 의혹이 제기된 이른바 '이원집정부제'에 대한 혐오로 인해 이원정

---

14 프랑스에서도 반대통령제régime semi-présidentiel(Maurice Duverger, Benoît Jeanneau) 이외에 반의회제régime semi-parlementaire, 혼합정체régime mixte (Pierre Pactet, Marcel Prélot, Charles Cadout), 이원적 의원내각제régime parlementariste dualiste(Claude Leclercq) 등으로 불린다.

15 성낙인(2025), 《헌법학》(제25판), 387쪽 참조.

부제가 왜곡된 권위주의적 정부형태로 오도되고 있다. 하지만 이원정부제는 국가원수가 왕이 아니라 대통령이며, 과거 왕과 의회가 권력을 분점하던 이원적 의원내각제의 현대적 재현이라는 점에서 반대통령제라고도 부른다.

현실적으로 이원정부제의 작동은 그리 쉬운 일이 아니다. 나라마다 그들 특유의 국가적 상황에 능동적으로 대응할 때에 비로소 이원정부제가 빛을 발할 수 있다. 대통령과 국회 다수파가 일치할 경우에는 미국 대통령제 못지않은 강력한 대통령제가 된다. 하지만 여소야대가 된다면 대통령과 내각은 불일치하면서 갈등구조를 양산할 수 있다.

그렇기에 프랑스에서는 1958년 드골 대통령이 '위대한 프랑스'를 기치로 강력한 정부를 구축하기 위해 1962년 대통령 직선제를 구현했다. 하지만 동일 헌법에서 미테랑과 시라크 대통령을 거치면서 대두된 동거정부는 이원정부제의 현실적 작동에서 어려움을 겪었다.

핀란드는 제정러시아의 식민 지배를 거치면서 일찍이 외교·국방은 대통령의 고유 권한으로 하고 내정은 내각이 책임진다. 다른 한편 오스트리아는 이원정부제이지만, 직선 대통령이 사실상 의원내각제의 국가원수와 같이 상징적 지위에 머물면서 실제로는 의원내각제와 비슷한 형태로 작동한다.

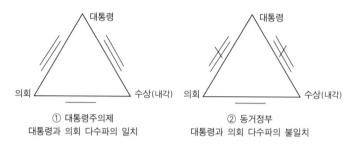

그림 4-2 프랑스 제5공화국에서 헌법현실의 상호관계

① 대통령주의제
대통령과 의회 다수파의 일치

② 동거정부
대통령과 의회 다수파의 불일치

이원정부제에서 대통령·의회·정부의 삼각 구도를 도식화하면 〈그림 4-2〉와 같다.

3) 현행헌법상 대통령과 국회의 관계

물론 헌법을 보는 시각을 재인식한다면 굳이 헌법을 개정하지 않더라도 새로운 권력분점의 실현이 얼마든지 가능할 것이다.[16] 이와 관련하여 두 개의 국민적 정당성의 축이 병존하는 현행헌법 아래에서 구현된 정치제도의 양상을 분석하면 다음과 같다.

---

16 성낙인(2025),《헌법학》(제25판), 법문사, 397쪽 이하 참조.

① 단일정당으로 형성된 국회 다수파의 지지를 받는 대통령우월적 대통령주의제: 김영삼 대통령 집권기(1993~1998년), 노무현 대통령 집권 후기(2004~2008년), 이명박 대통령 집권기·박근혜 대통령 집권 전반기(2008~2016년), 문재인 대통령 집권 후반기(2020~2022년).

② 단일정당으로 형성된 국회 다수파의 지지를 받지만 집권당 내부에서 끊임없는 견제를 받는 대통령제: 노태우 대통령 집권 후기(1990~1993년).

③ 이질적 양당으로 형성된 국회 다수파의 지지를 받지만 연립정부에 준하는 공동정부의 대통령우월적 이원정부제: 김대중 대통령 집권 전반기(1998~1999년).

④ 대통령 재임 중 야당이 국회 다수파지만 복수의 이질적 야당, 대통령과 국회 다수파 간의 비타협적 갈등 심화: 노태우 대통령 집권 초기(1988~1989년), 김대중 대통령 집권 후반기(2000~2003년), 노무현 대통령 집권 초기(2003~2004년), 박근혜 대통령 집권 후반기(2016년), 문재인 대통령 집권 전반기(2017~2020년).

⑤ 대통령 취임하기 전부터 단일야당이 국회 다수파, 대통령과 국회 다수파 간의 비타협적 갈등 속에 대통령이 정치적으로 주도: 노무현 대통령 집권 초기(2003~2004년), 윤석열 대통령 집권 전반기(2022~2024년).

⑥ 대통령 재임 중 단일야당의 승리에 따른 대통령과 국회 다수파의 불일치, 대통령과 국회 다수파 사이의 비타협적 갈등의 현실화에 따른 권력분점의 실패: 윤석열 대통령 집권 후반기(2024~2025년)

위의 여섯 번째는 그동안 가설로 남아 있었다. 하지만 2024년 4월 10일 총선에서 더불어민주당의 압도적인 승리에 따라서 이제 현행헌법 아래에서 현실화될 수 있는 모든 모델이 작동하고 있다.[17]

필자가 87년 체제에서 가능한 6개 모델[18]에서 마지막 가설로 남겨 두었던 대통령 재임 중 단일야당이 국회 다수파를 장악하는 모델이 2024년 총선거에서 처음으로 현실화되었다. 권력분점이 필요한 상황이었다. 하지만 대통령은 야당을 인정하려 하지 않았다. 결국 여소야대 정국에서 윤석열 대통령의 비상계엄 선포로 정국은 파탄에 이르고 말았다.[19]

---

17 성낙인(2024), "제21대 국회의 입법과 제22대 국회의 비전", 〈세계헌법연구〉, 30권 3호, 세계헌법학회 한국지부, 1~24쪽.

18 성낙인(2024), 《헌법학》(제24판), 법문사,

19 윤석열 대통령은 2025년 4월 4일 헌법재판소의 탄핵심판 인용 결정에 따라 파면되었다[헌재 2025.4.4, 2024헌나8, 대통령 윤석열 탄핵심판, 인용(파면)]. 이에 따라 2025년 6월 3일 대통령 선거가 실시된다.

4. 여소야대에 따른 극단적 양극화:
윤석열 정부와 제21대·제22대 국회

1) 5년 단임 대통령의 불행

5년 단임으로 대통령의 장기집권에 따른 폐해가 사라진 자리에서 민주화 이후의 민주주의는 여전히 퇴행을 거듭한다. 그사이 3명의 대통령은 교도소에 수감되었다. 1명은 수사 과정에서 자진했다. 3명은 현대판 고려장인 탄핵에 내몰렸다.

2) 헌정사상 예외적 상황이 현실화된 2024년

(1) 대통령직 교체 속에 인적 교체의 미완성과 갈등

우선 사법부, 즉 대법원을 비롯한 각급법원과 헌법재판소의 인적 구성은 정권교체와 무관하게 작동한다.[20] 물론 국회의 인적 구성도 불변이다. 과거에는 새 대통령 취임 후 여소야대를 인위적인 여대야소로 바꾸는 정치적 놀이를 단행한 바 있지만 근래

---

20 다만 김영삼 대통령은 1979년 '신민당 김영삼 총재 직무집행정지 가처분 신청' 사건의 인용 결정 당시 서울민사지방법원장이던 김덕주 원장이 대법원장에 재임하고 있다는 사실을 알고 대통령 취임 후 접견을 거부했다. 결국 대법원장은 스스로 사임한 바 있다.

에는 이와 같은 현상을 찾아볼 수 없다. 그런 점에서 민주화 이후
에 내적 민주주의를 쌓아가고 있다는 점에서 긍정적으로 평가할
수 있다. 하지만, 대통령을 둘러싼 세력들은 이를 받아들이지 못
하여 갈등이 증폭된다.

미국에서는 '플럼북Plum Book' 같은 제도가 있다.[21] 특히 윤석
열 정부에서 한국방송공사KBS 이사진과 문화방송MBC의 방송문
화진흥회 이사진 임용과 관련된 분란은 방송통신위원장의 탄핵
을 앞두고 2명이 사퇴한 끝에 1명은 결국 취임 2일 만에 탄핵소
추되었다가 헌법재판소의 기각결정으로 직무에 복귀했다.[22]

---

[21] 미국 대통령이 지명할 수 있는 연방정부 관직을 열거한 리스트를 의미한다. 보통
은 정권이 바뀌면서 새로 들어설 사람들의 명단 목록을 그렇게 부른다. 정식 명칭
은 '미국 정부 정책 및 지원 직책The United States Government Policy and Supporting
Positions'이다. 2016년 대선 직후 발간된 플럼북에서는 미국 대통령이 임명할 수
있는 연방정부 정무직이 7,000여 개에 달했다[손지아·이진수(2022), "고위직 공
무원의 임면에 관한 구체적 입법의 필요성: 미국의 플럼북 논의를 중심으로", 〈행
정법 연구〉, 68호, 행정법이론실무학회, 245~269쪽].

[22] 이 과정에서 방송통신위원회가 국회 추천 위원이 공석으로 되어 5인 완전체가
아니라 2인체제로 운영되면서 이의 헌법과 법률 위반 여부가 쟁점으로 부각되었
다. 서울행정법원과 서울남부지방법원의 가처분 기각과 인용 결정이 교차하기도
했다. 헌법재판소는 4 대 4로 이진숙 방송통신위원장에 대한 탄핵을 기각함으로
써 사실상 2인 체제의 적법성을 인정한다[헌재 2025.1.23. 선고 2024헌나1 결
정, 방송통신위원회 위원장(이진숙) 탄핵(기각)].

(2) 예외적으로 발동돼야 할 탄핵소추로 직무정지된 최고위 공직

한국 헌정사에서 탄핵은 제도 자체는 존재했지만 현실적으로 그다지 작동하지 않았었다. 하지만 정권교체와 더불어 여야 간 정쟁이 치열해지는 과정에서 여소야대와 더불어 탄핵제도가 작동하기 시작했다. 특히 대통령에 대한 탄핵은 정국 자체를 혼돈으로 몰고 갔다. 2004년 노무현 대통령 탄핵을 시작으로 2017년 박근혜 대통령 탄핵 등이 그러하다.

대통령에 대한 탄핵제도의 모국인 미국에서 건국 이래 단 한 번도 대통령이 탄핵되지 않았다는 점은 그만큼 탄핵이 가져올 정치제도의 혼돈을 우려한 결과일 수도 있다.23 그런데 미국에서는 대통령이 탄핵으로 궐위되더라도 부통령이 승계하기 때문에 한국과 같이 새로운 대통령 선거로 연결되지 않는다. 이 점에서 탄핵으로 인한 정치제도의 충격이 훨씬 덜할 수 있다.

그간 2022년 윤석열 정부 출범 이후 31차례에 걸쳐 국회에서 탄핵소추가 발의되었다. 이는 1948년 대한민국 출범 이후 전체 탄핵소추 사안을 훌쩍 뛰어넘는 숫자에 해당된다.

---

23 미국의 닉슨 대통령이 1972년 워터게이트 사건으로 하원에서 탄핵소추되어 상원의 탄핵심판이 제기된 상태에서 1974년 대통령직을 스스로 사임한 바 있다.

(3) 여소야대 국회에서 휴지화된 국무총리·국무위원 해임건의권

국무총리·국무위원 해임건의권 제도는 장관에 대한 형사 책임 대신 정치적 책임을 추궁하기 위한 제도로서 초기에는 장관 개개인에 대한 개별적인 정치적 책임으로 나아갔다. 하지만 일원적 의원내각제가 정립되면서 장관 개인에 대한 정치적 책임은 사라지고 내각에 대한 집단적·연대적 책임으로 정립되어 오늘에 이른다.

그런 점에서 우리나라 헌법의 국무총리·국무위원 해임건의권 제도에 대하여 필자는 이를 최대한 존중하여 의회의 내각불신임에 준하는 제도로 작동되어야 한다고 주장해 왔다. 실제로 국회가 국무위원 해임건의를 하면 대부분 수용되었다.[24] 하지만, 민주화 이후 정권교체와 더불어 국무총리·국무위원 해임건의권의 발동이 촉발됨과 동시에 대통령은 이를 수용하지 않는 상황에 이르렀다.[25] 이는 정치 양극화와 여소야대 국회가 얽힌 결과물이라 할 수 있다.

---

[24] 박정희 대통령 시절에 3K 라인에 의한 국무위원 오치성 내무부 장관 해임건의권이 국회에서 의결되자 박정희 대통령은 이를 수용함과 동시에 3K 라인에 대한 정치적 숙청을 단행했다.

[25] 2023년에는 역사상 최초로 한덕수 국무총리에 대한 해임건의안이 국회에서 통과되었지만, 대통령은 이를 수용하지 않았다.

(4) 법률안재의요구권을 통한 대통령과 국회의 충돌

국회의 본원적 권한인 입법권에 대한 정부의 통제권은 법률안재의요구권, 즉 대통령의 법률안거부권이다.26 이 또한 여소야대 국회에서 이제는 대통령이 국회입법권에 대해 휘두르는 전가의 보도로 작동한다.27

이 과정에서 국회입법권은 무력화되고, 대통령은 집행권의 수장보다는 국회입법권을 통제하는 기관으로 전락한다. 이는 더 이상 피할 곳이 없는 막다른 골목으로 향하는 정국의 한계 상황을 여실히 보여 준다.

(5) 국회의 예산통제권으로 무력화된 정부

예산은 편성 그 자체부터 정부의 권한으로 인식된다. 그런 점에서 국회의 일방적인 예산증액권은 원칙적으로 인정하지 않는다.

---

26 정철(2019), "법률안거부권의 헌법적 의의", 〈세계헌법연구〉, 25권 2호, 세계헌법학회 한국지부; 홍석한(2019), "대통령의 법률안 거부권에 대한 고찰", 〈미국헌법연구〉, 30권 1호, 미국헌법학회; 이준일(2023), "대통령거부권의 헌법적 한계", 〈세계헌법연구〉, 29권 3호, 세계헌법학회 한국지부.

27 1948년 정부 수립 이후 2024년 5월 29일까지 법률안에 대해 재의요구가 행사된 사례는 총 88건이다. 제22대 국회 개원 이래 2025년 1월 말까지 무려 22건의 재의요구권이 행사되었다. 특히 김건희 여사 특검법은 네 차례 거부되었다. 고건 권한대행이 2건, 한덕수 권한대행은 6건, 최상목 권한대행은 7건의 재의요구권을 행사했다.

이 과정에서 제22대 국회에서 2024년 12월에 일방적으로 치명적인 삭감을 통한 예산안을 통과시켰다. 정부가 추구하고자 하는 핵심 정책은 예산의 뒷받침으로 구현된다. 그런데 그 핵심 예산이 대폭 삭감되었다는 점에서 절름발이 정부를 예산으로 구축한 셈이다.

5. 양극화 극복과 책임정치를 위한 제7공화국 헌법의 모습

1) 헌정 70년에 기초한 현행헌법의 온건한 개혁

전직 국회의원들의 법정단체인 대한민국헌정회에서 정대철 회장이 직접 헌법개정위원회의 책임을 맡아 마련한 개헌안은 분권형 대통령중심제를 모토로 삼는다.[28] 그런데 그 내용을 자세히 들여다보면 실질적으로는 이원정부제와 매우 유사하다. 즉, 이원정부제 또는 반대통령제의 핵심적 요소는 ① 대통령 직선제와 ② 의회의 대정부불신임권이기 때문이다.[29]

---

28 정대철(2024. 7. 17), "헌정회장 제헌절 제76주년 축사".

2) 분권분산적 대통령제: 대통령 4년 중임제

(1) 국가원수이자 행정부 수장으로서의 대통령

국민으로부터 직선된 대통령은 국민적 정당성의 핵심적 축이다. 87년 헌법체제에서 8번째 대통령이 재임하면서 1인 장기집권에 대한 우려도 불식되었다. 무엇보다 5년 단임제는 외국의 헌법에서도 그 예를 찾기 어렵다. 프랑스에서는 2000년 헌법개정으로 종래 대통령 임기 7년을 5년으로 단축하여 하원인 국민의회 의원 임기와 맞추었다. 미국은 대통령 임기 4년 중임에 하원의원 임기 2년, 상원의원 임기가 6년이다. 대통령 유고·권한대행·후임자 선거에 관해서는 현행헌법의 흠결을 보완해야 한다.[30]

---

29 뒤베르제는 1978년에 간행된 저서에서 반대통령제에 관한 다양한 모델을 정형화했으며, 1980년에 발표된 논문에서 이를 종합하여 정리한 바 있다. 1983년에 개최된 국제학술대회에서는 반대통령제에 관해 정치헌법학자들의 논문 발표 및 각국의 전·현직 수상을 비롯한 정치 지도자들의 토론에 참여했으며, 그 내용을 출간했다. 이에 프랑스의 대표적 일간지인 〈르몽드Le Monde〉는 1981년 이래 이 용례를 수용한다. Maurice Duverger(1978), *Echec au roi*, A. Michel, p.250; Maurice Duverger(1980), "A new political system model: semi-presidential govern-ment", *European Journal of Political Research*, pp.168~183; Maurice Duverger (sous la direction de)(1986), *Les régimes semi-présidentiels*, PUF, p.367.

30 성낙인(2008), "대통령 유고·권한대행·후임자 선거", 〈헌법학 연구〉, 13집 3호, 한국헌법학회 참조. 프랑스 헌법에서는 정부의 요청에 따라 헌법재판소가 최종적으로 대통령직의 장애를 선언한다(헌법 제7조).

(2) 대통령과 국무총리 중심의 내각과 정부 권한 공유

대통령은 국가원수로서의 전통적 지위와 권한을 향유해야 한다. 일상적 행정권은 국무총리를 중심으로 하는 내각이 장악하는 것이 바람직하다. 대통령과 내각의 권력분점 여하에 따라 또 다른 정국 불안을 야기할 소지가 있다는 우려를 고려하여 대통령의 실질적 권한을 최소화해야 한다. 프랑스와 핀란드에서 제기된 바 있는 유보영역이론에 따라 외교·국방·통일 문제에 관한 한 대통령이 실질적 권한을 가진다면 대통령과 국회 다수파가 불일치할 경우에 대통령과 내각의 권한 다툼이 불가피하다.31 일상적인 국내 정치와 관련된 행정권의 실질적 책임과 권한은 국무총리에게 부여하는 것이 바람직하다.

대통령에게 국회해산권을 부여하는 것도 여전히 논란이 된다. 우선 대통령에게 의회해산권을 부여하는 경우에 실질적 권한이냐, 형식적 권한이냐는 문제가 제기된다. 의원내각제 헌법에서도 형식적으로는 국가원수인 대통령에게 의회해산권을 부여하

---

31 프랑스 제5공화국에서도 자크 샤방델마스 등이 '유보영역이론'을 개진한 바 있다. 유보영역이론은 동거정부에서 더욱 분명히 그 실체를 드러내는데, 적어도 외교, 국방, EU 문제에 관한 한 대통령이 직접 간여하는 것이다. 특히 아무리 동거정부라고 해도 외무부 장관과 국방부 장관은 대통령이 적극적으로 반대하지 않는 인사를 임명한다. 그러나 갈등관계가 여전히 존재한다는 데에 유보영역이론의 한계가 있다. 핀란드에서도 외교, 국방 등에 관한 사항은 대통령이 중요한 결정권을 가진다.

기 때문이다.32 그러나 이원정부제에서 대통령의 의회해산권은 명실상부한 대통령의 고유 권한으로서의 의회해산권이어야 한다. 정부만 의회해산권을 가질 경우에 그것은 의원내각제적인 제도 운영을 초래할 것이기 때문이다. 대통령의 의회해산권이 정치제도의 균형추로서의 역할을 한다고 평가할 수 있다.

(3) 일상적 국정은 국회 신임에 기초한 국무총리(내각)를 중심으로

국무총리는 민의원의 동의를 얻어 대통령이 임명한다. 그런 점에서 국무총리는 대통령과 국회의 이중 신임에 기초하여 존재하는 것이 명확하다.

국무총리를 중심으로 하는 내각은 국회 다수파가 구성한다. 내각은 국회로부터 불신임의결을 받을 경우 사직한다. 그러나 내각불신임권의 남용을 방지하기 위해 후임 총리를 선출한 이후에만 불신임권을 발동할 수 있는 독일식 건설적 불신임투표제를 제도화해야 한다. 건설적 불신임투표제가 도입되면 곧 종래 헌

---

32 1870년 프랑스 제3공화국이 출범한 이후 2대 대통령에 취임한 마크 마옹 대통령은 의회와의 갈등 속에 1877년 의회를 해산했다. 그러나 새로 구성된 의회도 여전히 대통령에 적대적인 다수파를 형성했다. 결국 그는 대통령은 사임했고, 이로부터 대통령의 의회해산권은 명목상의 권한이고 내각의 장인 수상이 실질적인 의회해산권을 갖는 관습헌법이 정립되었다. 이로써 프랑스의 고전적 의원내각제 모델이 정립되었다.

법규범상 국무총리는 국회 동의를 얻어 임명됨에도 불구하고 헌정의 실제상 대통령의 고유 권한으로 작동하던 국무총리임명권은 국회가 실질적인 권한을 갖게 되고 대통령의 권한은 의회 다수파의 구성 여하에 따라 달라지게 된다.

3) 국회 구성에서 양원제와 전면적 비례대표제 도입

(1) 단원제에서 양원제로: 도입이 필수적이지만 장기과제로 남겨야

의회의 구성 원리로서 양원제와 단원제는 각 국가가 처한 역사적·정치적·사회적 성격을 반영한다. 따라서 일의적으로 양원제와 단원제의 장점과 단점을 평가하기는 어렵다.

자유민주주의의 오랜 역사적 전통을 가진 영국·미국·프랑스·독일 등에서 비록 그 내부적 특징이나 모델이 상이하더라도 양원제를 채택하는 것은 시사하는 바가 크다. 상원은 단원제 의회의 지나친 급진주의적 획일성을 제어하기 위해 숙고 기관으로서 존재 가치를 찾을 수 있다. 이에 대해 부아시 당글라Boissy d'Anglas는 《프랑스 헌법사》에서 "상원이 공화국의 이성理性, raison이라면, 하원은 공화국의 상상력想像力, imagination"이라고 표현했다. 이 말은 양원제를 통하여 상원의 보수적 성격과 하원의 진보적 성격이 서로 조화를 이룰 수 있음을 의미한다.

(2) 국회 구성 개혁을 위한 선거제도의 개혁

정부형태와 선거제도는 밀접하게 연계된다. 일찍이 뒤베르제가
《정당론》33에서 제시한 '뒤베르제의 법칙loi de Duverger'34은 선거
제도에 따른 헌정체제와 정당제도의 상호관계를 단적으로 표현
한다. ① 일회제 다수대표제는 양당제적 경향을, ② 비례대표제는
상호 독립적인 다당제적 경향을, ③ 이회제 다수대표제는 정당 사
이의 연립에 의해 절제된 다당제 경향을 가진다.

　　비례대표제적 이상과 다수대표제적 현실의 조화는 하나의 유
토피아에 불과할 수도 있다. 이에 선거제도로서 대표의 결정 방
식은 각국이 처한 특유의 역사적·정치적 상황을 고려한 선택의
문제로 돌아간다.

　　제21대 국회에서 도입한 준연동형비례대표제는 선거제도 자
체를 형해화하고 웃음거리로 전락시켰다. 인구절벽과 농어촌 이
탈에 따라 지방소멸 현상이 겹치면서 4~5개 시·군에서 1명의 국
회의원이 배출된 반면에 대도시에서는 아파트를 형성하는 1개

33　Maurice Duverger(1951/1971), *Les partis politiques*, A. Colin, 1re éd., 10e éd.,
　　Le Seuil.
34　William H(1988), Riker, "The Two-Party System and Duverger's Law: An
　　Essay on the History of Political Science", In *Mélanges Duverger*, Paris: PUF,
　　pp.405~423.

동에서 1명의 국회의원이 배출되었다.

다른 한편 지방자치의 활성화에 따라 지역구 국회의원의 역할
은 줄어들 수밖에 없다. 국회의원은 이제 지역구 사업을 지방의
원에게 맡기고 국가적 업무에 전념해야 한다. 그렇다면 이제 지
역구 국회의원 선거제도는 한계에 이르렀다고 보아야 한다. 이에
따라 국회의원 선거제도에 전면적으로 비례대표제를 도입하여
권역별 비례대표제를 시행해야 한다. 이 경우 현재와 같은 분할
적인 광역시·도를 예전의 모습으로 광역화하고 그에 따라 비례대
표 국회의원을 선출하면 된다.

이렇게 될 경우 200명 이하의 국회의원으로 전면적 비례대표
제 시행이 가능하다. 필자는 종래 국회의원을 300명 이하로 줄
이고, 지역구와 비례대표 비율을 200 대 100 또는 150 대 150
으로 조정해야 한다고 주장한 바 있다. 그러나 이제 인구편차 2
대 1을 맞추기 위한 변칙적인 지역구 분할도 한계에 이르렀다고
본다.

4) 국정안정을 위한 조치

(1) 의회 권력 남용의 온상인 국정감사의 폐지

과거 권위주의 시절에 국정감사는 국정의 비리를 들추고 정권을 견제하는 최대 무기였다. 그러나 국정이 투명하고 무엇보다 평화적 정권교체가 일상화된 상황에서 매년 정기적으로 실시되는 국정감사는 국정의 불안정만 조장하고 국정 마비를 초래한다는 비판을 받고 있다.

무엇보다 국정감사, 즉 매년 정기국회에서 국정 전반에 걸쳐서 행해지는 국정감사 제도는 우리가 아는 그 어느 나라에서도 존재하지 않는 한국 특유의 제도라는 점을 유념해야 한다. 따라서 차제에 국정감사 제도는 폐지하는 것이 자유민주주의 국가의 보편적 제도와 궤를 같이한다.

(2) 탄핵과 같은 예외적·비상적 권한의 신중한 발동

예외적·비상적 권한인 탄핵소추는 신중한 발동이 요망된다. 탄핵소추 시 직무정지 규정 삭제 여부는 추후 검토가 필요하다는 입장이다. 이 점은 헌법학자들 사이에도 논쟁이 있다. 앞으로 긴 논의가 필요한 사안이다. 다만, 탄핵소추 대상자는 축소가 불가피해 보인다. 그간 헌법의 문언에 그치는 제도였던 탄핵소추가 일상화된 시대에 접어든 시점에서 본다면 탄핵소추 대상자에 대한 전면적 재검토가 필요해 보인다.

(3) 민주적 정당성이 취약한 사법부의 자기성찰

비상계엄과 탄핵정국에서 사법부의 역할과 기능의 중요성이 확인되었다. 동시에 경찰, 검찰, 공수처, 법원, 헌법재판소의 공정성에 대한 의구심도 증폭되었다.

대통령을 비롯한 주요 인사들이 연루된 것으로 인식되는 비상계엄 사태 관계자들에 대한 내란혐의 수사와 관련 수사기관 및 법원의 혼란상은 이들 사법기관과 준사법기관에 대한 근본적인 재검토를 요한다.

대통령을 비롯한 비상계엄에 따른 내란죄 수사는 현행법상 검찰도 공수처도 아닌 경찰이 하는 것이 맞다. 더구나 공수처가 대통령에 대한 영장청구를 서울중앙지법이 아닌 서울서부지법에 신청한 것은 위법은 아니더라도 원칙에 어긋난다. 어려운 때일수록 원칙에 충실해야 한다. 차제에 국민들의 형사사법체계에 대한 혼란과 불신을 야기하는 검수완박법도 재정비해야 한다. 혼란만 야기하는 옥상옥의 수사기관인 공수처는 존폐 기로에 서 있다.

방송통신위원회의 2인 체제에 대하여 서울행정법원은 위법으로, 서울남부지법은 합법으로 결정했다. 국가기관의 정상적 작동이 멈춰 섰다. 같은 사안에서 전혀 다른 판단은 사법 불신을 자초한다.

5) 지방자치의 활성화와 헌법

프랑스에서는 2003년 헌법개정을 통하여 헌법 제1조에 '지방분권'을 추가했다.[35] 그런 점에서 우리도 헌법개정 과정에서 어떤 형태로든 대한민국의 공화국 징표로서 지방분권적 공화국임을 상징적으로라도 천명할 필요가 있다.

지방자치에서 현행 광역자치단체는 더욱 초광역화가 필요하다. 이는 광역시·도가 분할되기 이전으로 되돌아가는 것이다. 이를테면 경남·부산·울산, 경북·대구, 전남·광주, 충남·대전·세종, 경기·인천과 같은 광역자치단체는 그 옛날의 광역단체로 통폐합하여 명실상부하게 지방분권적 자치단체로 새롭게 자리매김할 필요가 있다. 인구절벽 시대에 인구는 감소하는데 자치단체만 세분하는 것은 바람직하지 않다.

---

[35] 성낙인(2025. 2. 5), "프랑스의 2003년 개헌과 지방분권", 지방시대위원회 기조 발제문.

6. 제7공화국:
대통령과 국회가 함께 책임지는 헌법체제

액턴 경은 "권력은 부패하는 경향이 있고 절대 권력은 절대 부패한다Power tends to corrupt and absolute power corrupts absolutely"라고 했다. 몽테스키외는 "권력을 가진 자는 항상 그 권력을 남용하려 한다"라는 명제에 따라 권력분립을 통한 견제와 균형checks and balances을 역설했다. 권력의 세계에서 '나눔의 미학'을 실천하기란 참으로 어려운 일이다.

그럼에도 불구하고 대통령 직선제를 고수하는 한 대통령의 선의bona fides가 가장 중요한 덕목이다. 국민들도 두 눈 부릅뜨고 현자賢者를 선택해야 한다. 차기 대통령의 덕목은 무엇보다 자기 절제를 실천할 수 있는 지도자로서 정치적 이해관계에 매몰된 정객이 아니라 국리민복을 구현할 국가적 인물이어야 한다. 대통령은 국가의 미래를 설계하는 나라의 어른statesman, homme d'État으로서 하루가 멀다 하고 벌어지는 여야 간의 정쟁으로부터 초연해야 한다. 이를 위해 대통령은 복잡다기한 국정의 일상으로부터 벗어나야 한다.

주권자의 선택은 그런 대통령을 모실 수 있는 권한이 아니라 그런 대통령을 모셔야 하는 책무다.

참고문헌

국회도서관(2018),《세계의 헌법》(제3판).

국회헌법연구자문위원회 편(2009).《세계각국헌법》.

김수용(2008),《건국과 헌법》, 파주: 경인문화사.

김영수(2000),《한국헌법사》, 서울: 학문사.

김철수(1988),《한국헌법사》, 서울: 대학출판사.

_____ 편(2014),《세계비교헌법》, 서울: 박영사.

김하열(2025),《헌법강의》(제7판), 서울: 박영사.

성낙인(2025),《헌법학》(제25판), 파주: 법문사,

_____(2025. 2. 5), "프랑스의 2003년 개헌과 지방분권", 지방시대위
원회 기조발제문.

_____(2024a), "제21대 국회의 입법과 제22대 국회의 비전", 〈세계헌
법연구〉, 30권 3호, 세계헌법학회 한국지부.

_____(2024b), "AI 시대에 직면한 사회변동과 법적 과제", 〈4차 산업
혁명 법과 정책〉, 7호, 4차산업혁명융합법학회.

_____(2018a),《헌법학 논집》, 파주: 법문사.

_____(2018b),《헌법학》(제18판), 파주: 법문사.

_____·권건보·정철·전상현·박진우·김용훈·허진성(2018c), 《헌법소
송론》(제2판), 파주: 법문사.

_____(2012),《대한민국헌법사》, 파주: 법문사.

_____(2009), "이원정부제(半대통령제)의 구체화를 통한 권력분점의
구현", 〈공법연구〉, 38권 1호, 한국공법학회.

_____(2008), "대통령 유고·권한대행·후임자선거", 〈헌법학 연구〉,

13집 3호, 한국헌법학회.

_____(2007), "대통령 유고의 헌법문제: 한국과 프랑스를 중심으로", 〈헌법학 연구〉, 13집 3호, 한국헌법학회.

_____(2005), "한국헌법사에 있어서 공화국의 순차(서수)", 〈서울대 법학〉, 46권 1호, 서울대 법학연구소.

_____(1998a), 《선거법론》, 파주: 법문사.

_____(1998b), "韓國憲法과 二元政府制(半大統領制)", 〈헌법학 연구〉 5권 1호, 한국헌법학회.

손지아·이진수(2022), "고위직 공무원의 임면에 관한 구체적 입법의 필요성: 미국의 플럼북 논의를 중심으로", 〈행정법 연구〉, 68호, 행정법이론실무학회.

신우철(2008), 《비교헌법사: 대한민국 입헌주의의 연원》, 파주: 법문사.

이준일(2023), "대통령거부권의 헌법적 한계", 〈세계헌법연구〉, 29권 3호, 세계헌법학회 한국지부.

이헌환(2023), 《대한민국헌법사전》(전정판), 서울: 박영사,

이효원(2025), 《대한민국 헌법강의》(제2판), 서울: 박영사,

장영철(2024), 《헌법학》(2판), 서울: 박영사,

정 철(2019), "법률안거부권의 헌법적 의의", 〈세계헌법연구〉, 25권 2호, 세계헌법학회 한국지부.

한국정신문화연구원(1991), 《한국헌법사》(상)·(하).

허 영(2025), 《한국헌법론》(전정21판), 서울: 박영사,

홍석한(2019), "대통령의 법률안 거부권에 대한 고찰", 〈미국헌법연구〉, 30권 1호, 미국헌법학회.

André, Hauriou(1983), *Droit constitutionnel et institutions politiques*, LGDJ.

Borgetto, Michel(1993), *La notion de fraternité en droit public français: le passé, le présent et l'avenir de la solidarité*, LGDJ.

Burdeau, Georges(1980~1986), *Traité de science politique*, 12 vol, LGDJ.

Cadart, Jacques(1983), *Institutions politiques et droit constitutionnel*, Masson.

Desmottes, Pierre(1968), *De la responsabilité pénale des ministres*, LGDJ.

Duverger, Maurice(1995), *Institutions politiques et droit constitutionnel*, 2 vol, PUF.

_____(sous la direction de)(1986), *Les régimes semi- présidentiels*, PUF.

_____(1980), "A New Political System Model: Semi-presidential Government", *European Journal of Political Research*.

_____(1978), *Echec au roi*, A. Michel.

_____(1951/1971), *Les partis politiques*, A. Colin, 1re éd., 10e éd., Le Seuil.

Fabre, Michel-Henry(1984), *Principes républicains de droit constitutionnel*, Paris: LGDJ.

Faure, Bertrand(2018), *Droit des collectivités territoriales*, Paris: Dalloz.

Favoreu, Louis etc.(2025), *Droit constitutionnel partie 1·2*, Dalloz.

Gicquel, Jean et Jean-Éric Gicquel(2019), *Droit constitutionnel et institutions politiques*, Montchrestien.

Luchaire, François et Gérald Conac(1989), *Le droit de la cohabitation-Bilan juridique d'une expérience politique 23 mars 1986~8 mai 1988*, Economica.

_____ et Gérald Conac(1987), *La Constitution de la République française*, Econonica.

Montesquieu, Charles Louis Secondat de(1748), *De l'esprit des lois.*

Morange, Jean(2005), *Droits de l'homme et libertés publiques*, PUF.

Pactet, Pierre et Ferdinand Mélin-Soucramanien(2019), *Droit constitutionnel*, Economica.

Riker, William H.(1988), "The Two-Party System and Duverger's Law: An Essay on the History of Political Science", In *Mélanges Duverger*, Paris: PUF.

Sung, Nak-in(1988), *Les ministres de la Ve République française*, LGDJ.

Tocqueville, Alexis-Charles-Henri Maurice Clérel de(1835~1840), *De la démocratie en Amérique.*

Türk, Pauline(sous la direction de)(2020), *Pour un droit constitutionnel des droit des collectivités territoriales*, L'Harmattan.

Tusseau, Guillaume(2025), *Droit constitotutionnel et institutions politiques*, Part 1·2, Seuil.

Verpeaux, Michel et Laetitia Janicot(2023), *Droit des collectivités territoriales*, LGDJ.

5장

위기의 삼권분립 민주주의와
AI 시대 미래 국정 시스템

염재호

1. 서론

250여 년 전 미국 건국의 아버지들Founding Fathers에 의해 고안된
대통령제는 행정·입법·사법의 삼권을 분리하여 서로 견제와 균
형을 통해 국정을 운영하게 만든 정치 시스템이다. 13개 주로 시
작된 미국은 주정부의 독립적 권한을 유지하면서도 연방정부의
통합과 조정이 필요하여 새로운 정부 시스템을 고안해 냈다. 주
프랑스 대사와 미국 3대 대통령을 역임한 토머스 제퍼슨Thomas
Jefferson이 프랑스혁명 이후 유럽의 정치제도를 면밀히 검토하고
몽테스키외와 존 로크 등의 영향을 받아 조지 워싱턴을 비롯하여
벤저민 프랭클린, 제임스 매디슨, 알렉산더 해밀턴 등과 함께 창

조한 독특한 정치 시스템을 헌법에 담아냈다.

미국은 영국으로부터 독립한 다음 왕이 절대적 권위를 갖고 행정·입법·사법의 모든 영역을 통괄하던 과거 유럽의 왕정제도를 탈피하고 새로운 시민사회를 위한 공화제를 필요로 하게 되었다. 독립 신생국 미국은 권력이 분산되고 상호 견제와 균형을 이루는 삼권분립 제도를 고안해 냈다. 미국의 대통령제는 제2차 세계대전 이후 민주주의를 실현하는 대표적 정치 시스템으로 인식되어 빠르게 전 세계에 확산되어 나갔다. 많은 국가들이 왕 대신에 대통령을 국가의 수반으로 삼고 삼권분립에 의한 정치 시스템을 채택하게 되었다.

순수 대통령제를 실시하는 주요 국가는 미국과 우리나라를 비롯하여 전 세계 10여 개국이다. 프랑스와 같이 대통령과 총리가 권력을 나누는 변형된 대통령제 시스템을 채택하는 나라는 10여 개국 이상이다. 입헌군주제를 바탕으로 한 의원내각제 국가와 대통령이 국가원수이지만 실질적 권력은 총리에게 있는 공화제 의원내각제를 채택하는 국가는 전 세계에서 20여 개국 정도 있다.

200여 년간 지속되던 전 세계의 삼권분립 민주주의 정치 시스템이 흔들리고 있다. 2020년 트럼프 대통령은 의회에서 연두교서 연설을 할 때 낸시 펠로시 하원의장의 악수를 거절했다. 펠로시 의장은 트럼프 대통령의 연설이 끝나자 대통령 연설문을 그가 보는 앞에서 찢어 버렸다. 바이든 전 대통령은 퇴임을 앞두고 트럼프 취임 직전까지 연방법원에 최대 규모로 진보 판사를 임명했다. 트럼프 대통령이 1기 집권 시 임명한 234명보다 1명 많은 235명을 발탁했다.

최근 대통령제를 채택한 국가뿐만 아니라 의원내각제 국가에서도 정치 리더십이 도전받기 시작했다. 2022년 제78대 영국 총리로 취임한 리즈 트러스는 감세 정책, 우크라이나 참전 지지, 불륜 등으로 취임 45일 만에 불명예 퇴진했다. 트러스 후임으로 총리가 된 리시 수낙은 인도계 영국인 최초로 총리가 되었지만 2년도 못 되어 물러났다. 2024년 7월 총선에서 56.2%라는 압도적 득표로 14년 만에 노동당 정권을 탄생시킨 키어 스타머 총리의 지지도도 곧바로 곤두박질했다. 취임 100일도 안 돼 스타머 총리의 호감도는 26%, 정부 정책 지지율은 18%로 떨어져 민심이 다시 노동당으로부터 멀어지게 되었다. 10월에는 스타머 총리의 비호감 비율이 호감 비율보다 33% 정도 더 큰 것으로 나타났다.

캐나다에서도 부총리 겸 재무장관인 크리스티아 프릴랜드가 트뤼도 총리와의 불화로 사임하면서 총리의 지지율은 17%까지 하락했다. 결국 트뤼도 총리는 사임 의사를 밝혀 3월에 새로운 총리인 마크 카니가 선출되었다.

프랑스에서는 2024년 12월 바르니에 총리 불신임안이 가결되어 바르니에 내각은 3개월 만에 단명 내각으로 끝나고 프랑수아 바이루 총리가 새로 임명되었다. 마크롱 대통령의 지지율도 임기 초에 60%를 넘던 것이 6년 만에 최저 수준으로 하락하여 2025년 1월 21%까지 떨어졌다. 독일도 올라프 숄츠 총리의 신임안이 연방 의회에서 부결되어 2025년 2월 조기 총선이 실시된 결과 숄츠 총리의 사민당 지지율은 겨우 16%에 불과해 원내 3당으로 내려앉았다. 국민들의 높은 지지도를 자랑하던 이시바 일본 총리도 집권 후 지지율이 28%에 불과해 총선에서 참패하고 중의원에서 30년 만에 결선투표까지 치러 간신히 총리직을 유지하게 되었다.

삼권분립과 대통령제를 통해 민주주의의 상징으로 일컬어졌던 미국에서도 2020년 대선에서 트럼프 대통령의 두 번째 집권 시도가 불발에 그치자 트럼프 지지자들이 부정선거를 주장하며 2021년 1월 의회에 난입하여 폭동을 일으켰다. 당시 트럼프 대통령은 이들을 옹호하는 발언까지 했다. 2025년 트럼프는 대통령에 재취임하자마자 의사당에 난입했던 폭도들을 인질들이었다고 규정하며 전원 사면하는 조치를 취했다. 삼권분립의 견제와 균형의 시스템인 민주주의가 쉽게 무너지고 있는 징표라고 볼 수 있다.

우리나라도 2024년 12월 3일 부정선거와 의회독재를 이유로 윤석열 대통령이 비상계엄을 선포했다. 국회와 대통령이 극단적 갈등 끝에 역사적 유물처럼 여겨지던 계엄령을 다시 끌어내 국민들을 혼란에 빠뜨렸다. 선진화된 사회에 후진성이 동시에 존재하는 '비동시성의 동시성' 현상이 나타난 것이다. 결국 윤 대통령의 탄핵 국면으로 정치가 파행을 겪기 시작했고, 극단적인 좌우 지지층들은 대통령 탄핵심판을 하는 헌법재판소를 연일 압박하며 시위와 투쟁을 일삼았다. 양당 지도자와 국회의원들까지 시위에 참여하여 이들과 동조하며 극단적 갈등을 부추겼다. 거대 양당이 삼권분립 민주주의 정치 시스템을 스스로 붕괴시키고 있는 것이다.

사법부의 정치화에 대한 논란도 끊이지 않는다. 진보 성향 판사들로 구성된 우리법연구회와 국제인권법연구회 출신 판사들은 문재인 정부에서 크게 약진했다. 대통령, 대법원장, 국회가 헌법재판관을 임명하기 때문에 정치적 성향이 정권의 성격에 따라 크게 좌우될 수 있다. 현재 전체 판사의 3% 정도에 불과한 우리법연구회 출신 헌법재판관이 헌재소장 권한대행을 포함하여 8명 중 3명이라고 한다.

대통령 내란죄를 수사한 공수처의 기소와 탄핵심판을 담당한 헌법재판소 재판 과정의 절차적 정당성이 문제시되고 있다. 헌법재판소 재판관의 정치적 성향과 과거 활동이 비난의 대상이 되고 재판 과정에서 정치적 성향에 따라 서로 다른 판단을 하는 것에 대해 객관성 논란이 일고 있다. 정치가 사법의 영역에도 크게 영향을 미치면서 삼권분립의 민주주의는 위기를 맞고 정치적 양극화는 더욱 심화되고 있다.

최근 전 세계에서 정치적 양극화가 심각하게 나타나는 현상은 크게 두 가지 요인에 기인한다고 볼 수 있다. 하나는 AI의 등장으로 기존의 인류문명사가 획기적으로 바뀌는 과정에서 나타나는 사회의 아노미 현상이다. 디지털 사회로 진입하면서 산업구조가 급격하게 변하고 이에 따라 일과 삶이 영향을 받아 기존 사회의 노멀이 사라지고 뉴노멀이 빠르게 나타난다. 이에 따른 불안감이 심각하게 확산되고 있다.

다보스포럼에서는 2030년이 되면 일자리의 85%가 20세기에는 존재하지 않던 일이 되리라고 예측했다. 2022년에 등장한 ChatGPT라는 범용 인공지능의 비약적 발전은 모든 사람들의 미래에 대한 불안감을 증폭시키고 있다. 저출생, 코로나 사태 이후 인플레이션에 따른 고물가, AI 활용으로 사무직·전문직의 업무 효율화에 따른 대량 실업 가능성, 빅테크기업의 약진과 빈부 격차의 심화 등은 심리적 불안감을 가중시키는 요인으로 작동한다. 기대수명은 늘어났지만 노후 생계를 위한 연금 등 사회보장 시스템의 부족, 러시아-우크라이나 전쟁, 중국의 홍콩 민주화 저지와 대만 침공 가능성, 트럼프 정부 출범 이후 보호무역과 미국 우선주의로의 국제질서 변화 등 많은 정치·사회적 요인이 국민들의 심리상태를 불안하게 만들고 있다. 하지만 정치권은 이를 해결할 제도적 장치를 마련하지 못하고 국민들의 불안감에 기대어 정치적 갈등만 부추기고 있다.

다른 하나의 요인은 새로운 미디어의 급격한 확산에 따른 정치적 영향력의 변화이다. 오늘날 신문이나 공중파 TV의 영향력보다 개인 시사평론가나 인플루언서들이 장악한 유튜브가 미치는 영향력은 막강하다. 심지어 기존에 모든 정보를 독점하여 거대 권력의 자리에 있었던 대통령도 유튜브의 영향을 받아 정치적 판단을 하는 시대로 변모했다. 모이제스 나임Moisés Naím이 《권력의 종말》에서 이야기하는 것과 같이 '거시권력'에서 '미시권력'으로 권력의 이동이 나타나고 있다. 위키리크스, 내부고발, 국민신문고, 민원 제기, 문자 및 통화 내역 공개 등 다양한 형태로 미시권력이 거시권력을 통제하게 되었다.

이처럼 디지털 시대로 접어들면서 대중들의 정치적 영향력이 증대되고 전통적 정치 시스템의 영향력은 축소되면서 기존 체제에 대한 다양한 형태의 도전이 활발하게 나타나기 시작했다. 이런 과정에서 개인이 만들어 낸 가짜 정보가 마치 진짜 정보인 것처럼 빠르게 확산되고 있다. 정치인들도 정당이나 의회 활동을 통해 정치적 견해를 밝히기보다 개인 SNS를 활용하여 다양한 정보를 확산시킨다. 이전에는 뉴스나 공식 브리핑을 통해 전달되던 정치인들의 의견이 매일매일 여과 없이 SNS를 통해 지지집단뿐 아니라 많은 대중들에게 전달된다. 기존의 공적 언론은 취재를 하기보다는 매일 생산되는 이런 자료들을 편집하여 대중들에게 전달해 주는 역할을 담당한다. 그렇기에 새로운 미디어의 영향력은 점차 증대되고 있고, 이에 영향을 받는 대중들은 정보의 확대재생산 과정을 거쳐 확증편향에 빠지면서 쉽게 극단적인 정치적 입장을 취하게 된다.

1930년대에도 라디오가 등장하면서 새로운 미디어에 의해 정치가 영향을 받기 시작했다. 독일에서는 선전장관 요제프 괴벨스Joseph Goebbels가 라디오를 대중선동 도구로 활용해 나치 이념을 전파했다. 아돌프 히틀러는 국민라디오Volksempfänger를 통해 연설을 생중계해서 국민감정을 극단적으로 고조시켜 나치즘에 의한 전제정치를 강화했다. 미국에서는 프랭클린 D. 루스벨트 대통령이 라디오를 통해 매주 노변정담 연설을 하면서 대공황 시기에 국민들의 마음을 사로잡았다. 이런 새로운 미디어를 활용하여 루스벨트는 12년간 네 번의 대통령 임기를 수행하면서 정치적 카리스마를 발휘했다. 루스벨트 대통령은 1933년 취임과 함께 보급되기 시작한 라디오를 정치 리더십에 효과적으로 활용한 것이다. 이처럼 새로운 미디어의 등장은 매우 강력한 정치적 효과를 나타낸다.

급격한 산업구조의 변화에 따른 불안과 SNS와 유튜브 등 개별화된 미디어의 등장으로 개인은 선호하는 정보만 선별적으로 받아들여 확증편향을 강화시켜 나간다. 이제 대중들은 이런 과정을 거치면서 정치적 무관심political apathy이 아니라 과잉 정치반응excessive political reaction에 빠지게 되고, 정치적 양극화 현상은 강화된다. 이러한 정치·사회적 특성은 대중을 극도로 감정적으로 만들어서 좌우 양 진영으로 쏠리는 극우 혹은 극좌 정당의 약진을 가능하게 한다.

극단적 소수가 다수를 지배하는 현상은 곳곳에 등장한다. 예를 들어 독일 좌파당은 지난 2월 연방의회 선거에서 2021년 선거의 두 배에 달하는 8.8%의 득표율을 기록했다. 극우정당인 '독일을 위한 대안AfD'도 지난 선거의 두 배에 달하는 20.8%의 지지를 받아 원내 제2당으로 올라섰다. 좌파당이 18~24세 유권자층에서는 26%의 득표율을 획득해 모든 정당 가운데 1위를 차지했고, 독일을 위한 대안은 21%로 2위를 차지해 극좌와 극우가 약진하는 양극화 현상을 보이고 있다.

기존 정치에 대한 실망감으로 미국에서도 진보의 상징이던 민주당을 보수 정치집단으로 평가하고 유권자들이 지지를 철회하기 시작했다. TV 예능 프로그램의 스타이자 부동산 개발업자로서 워싱턴 정계의 이단아였던 비정치인 출신 트럼프가 전통적 보수 정치집단인 공화당의 후보가 되어 대통령으로 재선될 정도로 기존 정치 패러다임이 붕괴되기 시작했다. 유럽의회 선거에서도 극우 정치세력이 약진했다. 이탈리아 멜로니 총리, 프랑스 마린 르펜 의원 등 극우 정치가들의 부상은 이런 현상을 잘 반영한다.

2. 87년 체제의 한계와 새로운 정치 시스템

1987년 민주화로 인해 한국은 경제성장과 민주화라는 두 마리 토끼를 잡은 성공적 국가로 평가되었다. 세계 경제 10위권의 국가가 되었고, 민주화 지표도 선진국 못지않은 높은 점수를 얻어 많은 저개발국들이 모범으로 삼는 국가가 되었다.

하지만 오늘날 나타나고 있는 정치적 혼란의 원인은 87년 체제 이후에 정치 시스템이 다른 경제 및 사회 발전에 걸맞게 발전하지 못하고 정체되어 소아비만과 같은 국가 시스템을 유지했기 때문이다. 국가경제가 비약적으로 발전하면서 기업의 법인세 증가와 소득세 및 거래세 증가로 정부 재정은 확대되었지만, 이를 효율적으로 활용하지 못해 국가채무는 급격히 증대되고 있다. 미래 세대를 위한 연금이나 노동개혁도 전혀 해결되지 못한 채 시간만 보내고 있다.

행정 시스템은 고도경제성장기에 추진했던 산업정책의 틀을 벗어나지 못하고 국가 주도의 시장통제 시스템을 유지하고 있다. 규제 공화국이라고 할 정도로 수많은 규제와 정부 지원 정책이 혼재되어 효율성이 극도로 낮은 상태의 정부 운영이 지속되고 있다. 좌파 정부나 우파 정부를 막론하고 시장과 기업을 규제하는 시각은 크게 변하지 않고 있다. 글로벌 시장에서 활약하고 있는 대기업을 기존의 재벌이라는 인식하에서 다루고 있다.

이른바 보수정권이라고 하는 우파 정부에서도 시장의 자율보다는 정부가 나서서 문제를 해결하겠다고 하는 과거의 국정운영 시스템의 패러다임을 버리지 못하고 있다. 예를 들어 자유민주주의를 강조하는 우파 정부에서도 지난 16년간 등록금 동결을 대학에 강요한 것이나 대학자율에 맡겨도 될 의대 정원 확대 등과 같은 사안에 대해 국가가 시장과 사회에 개입하여 강력한 영향력을 끼치는 일을 아직도 지속하고 있다.

국가의 과도한 개입은 민주화 이후 더욱 강력해진 정치집단들의 이익추구 행위로 확대재생산되고 있다. 좌파와 우파를 대변하는 보수정권이나 진보정권 모두 산업화 시대에 행사했던 국가의 권력을 더욱 강화시키고 자유화보다는 민주화를 앞세워 과잉 국가로 사회를 이끌어 가고 있다. 시장이나 사회가 자율적으로 해결할 수 있는 문제도 국가가 개입하여 사적 영역과 공적 영역의 구분을 어렵게 한다. 이런 가운데 정치집단의 영향력은 더욱 강화되고 무소불위의 입법 권한과 행정 권한을 발휘하는 거대 국가로 변모해 리바이어던이 되고 있다. 규제 완화, 샌드박스, 자율화를 보수와 진보 가릴 것 없이 정치구호로 외치고 있지만, 실질은 지속적으로 행정권과 입법권의 강화로 국가가 시장의 자율성을 침해하는 정도가 심화되고 있다.

87년 이전 체제의 산업화 성공과 함께 또 다른 성취를 이룬 87년 이후 체제는 정치적 민주화로 상징될 수 있다. 하지만 최장집 교수의 '민주화 이후의 민주주의' 분석에서 잘 나타나듯이, 민주화 이후 민주주의의 발전은 답보나 오히려 비민주적인 퇴보 상태에 빠져 있다. 운동권 세력과 관련 집단들이 독점한 정치세력은 민주주의를 실현하기보다는 대립과 갈등, 분열과 투쟁의 과거 정치 스타일에서 한 걸음도 벗어나지 못하고 있다. 21세기 인류문명사가 빠르게 바뀌고 있는데도 20세기 대량생산 체제의 제조업 중심의 사고에서 벗어나지 못하고 허수아비가 된 거대 권력을 무너뜨리기 위해 싸우는 투사의 모습으로 정치를 하고 있다.

이런 과정에서 기존의 권위주의 정권에서 비판의 대상으로 삼았던 정치적 이권의 확보를 진보 정치인들마저 앞장서서 추구하기 때문에 유권자들로부터 내로남불의 비난을 피할 수 없게 되었다. 이른바 엽관제의 폐해가 양 정당 모두 정권이 바뀔 때마다 심화되고 있다. 민주화 운동 당시의 비판적 순수성이 결여된 정치집단이 자신들의 이익을 극대화하기 위해 치열한 정치투쟁을 이어가고 있기 때문에 더 이상 국민들로부터 진보적 가치를 추구하는 정치집단이라는 지지도 받기 어려운 상태에 빠졌다.

이제 전 세계는 지난 40여 년간 지속되었던 신자유주의 시스템에 종언을 고하고 개별 국가의 이익을 우선하는 각자도생의 길을 찾아 나서고 있다. 트럼프 재집권으로 미국이 MAGA Make America Great Again를 앞세워 자국우선주의 원칙을 천명하고 있다. 따라서 기존의 미국이 추구해 왔던 국제사회의 자유와 민주주의의 보편적 가치가 급속히 훼손되기 시작했다.

이와 유사한 현상이 20세기 초에도 벌어져 세계 경제가 빠르게 위축되어 대공황을 심화시키는 경험을 했다. 20세기 초 대량생산 체제의 급격한 산업구조의 변화로 나타난 실업과 대공황의 문제를 미국은 자국 산업과 국민을 보호한다는 명분으로 스무트-홀리법 Smoot-Hawley Act을 통과시켜서 유럽과 캐나다의 수입물품에 대해 60%에 달하는 관세를 부과했다. 트럼프 정부의 보호

무역 정책도 산업구조 변화에 따른 실업 등의 국내 문제를 외국을 적으로 몰아서 국내 민심을 달래는 방식으로 푸는 정치적 해결에 다름 아니다.

이러한 변화의 소용돌이 속에서 AI가 주도하는 산업의 변화는 더 빠르게 전개될 것이다. 디지털 문명으로 인해 인류문명사가 획기적으로 바뀌게 될 것이라고 예측한 특이점 singularity이 더 빨리 다가올 것이다. 레이 커즈와일Ray Kurzweil은 2005년 저서에서 범용인공지능이 인류를 초지능으로 바꾸는 특이점이 2045년이면 가능해질 것으로 예측했다. 유발 하라리Yuval Harari도 《호모데우스》에서 디지털 문명이 고도화되면 2050년경에 인간은 신의 경지에 들어가게 될 것이라고 예견했다. 그러나 범용인공지능인 ChatGPT의 등장과 급속한 발전으로 특이점 도래의 시점은 앞당겨지고 있다. 레이 커즈와일은 2024년 6월에 출간한 책에서 AI가 인간의 지성을 넘어서는 시기를 2029년으로 예측했다.

이제 더 이상 87년 체제의 패러다임이 유효하지 않은 시기가 닥쳤다. AI의 발전으로 개인의 자율화는 빠르게 진행되고, 국가의 역할은 축소될 수밖에 없다. AI의 발전으로 원격교육, 원격의료, 재택근무, 긱이코노미gig economy, SOHOsmall office & home office, 창직創職을 통한 자영업self employment 등 다양한 사회적 변화가 빠르게 나타날 것이다.

1455년 구텐베르크가 금속활자를 활용한 인쇄술을 개발한 것은 출판혁명을 통해 종교개혁, 르네상스, 시민혁명 등이 일어나는 계기를 마련해 유럽 사회의 정치 시스템의 획기적 변화를 불러왔다. 이처럼 디지털과 AI가 초래하게 될 인류문명사의 대변혁은 정치 시스템의 획기적 변화를 요구한다. 경제·사회 시스템은 급격히 변화하는데 정치를 비롯한 국가 시스템의 패러다임이 변화하지 못하면 우리나라는 19세기 말과 같이 강대국의 지배를 받는 퇴보의 길을 걸을 수밖에 없다.

　　역사가 코메이저 Henry S. Commager 는 전 세계의 주요 정치제도는 모두 18세기에 만들어진 것이라고 지적했다. 정당, 민주주의, 대의제, 사법부 독립 등 다양한 정치제도가 모두 18세기에 만들어졌는데, 이후 인류는 새로운 시스템을 만들어 내지 못했다(모이제스 나임, 2015). 이제 AI의 등장으로 빠르게 변화하는 사회에 걸맞은 새로운 정치 시스템과 미래 국정운영 시스템이 요구되고 있다.

3. AI 시대 행정의 미래

우리나라의 행정 시스템은 건국 이후 마련된 기본적 틀에 산업화 시기와 민주화 시기를 거치면서 조금씩 수정 보완되어 이루어진 것이다. 고도경제성장기에 만들어진 경제기획원은 재무부와 통합된 기획재정부가 되어 막강한 재정 기능을 아직도 담당하고 있다. 총무처와 내무부가 통합되어 진화한 행정안전부는 정부 조직과 운영에 대한 강력한 기능을 아직도 담당하고 있다. 여성가족부, 우주항공청과 같이 새로운 사회적 기능이나 미래산업을 위해 만들어진 일부 부처를 제외하고는 모두 기존의 행정조직을 수정 보완하여 개편한 형태이다.

이러한 행정 시스템의 경로의존적path-dependent 특성이 AI 시대인 미래에도 유효한가? 무엇이 국민들에게 가장 바람직하고 효율적인 행정인가? 21세기 변화된 사회에 필요한 국정운영의 새로운 시스템을 구축할 필요는 없는가?

혁명을 거치지 않고는 획기적으로 국정운영 시스템을 개혁하기는 쉽지 않다. 하지만 혁명은 불가능하기에 행정의 미래에 대한 비전과 전망을 갖고 꾸준히 개혁하는 작업이 이루어져야 한다. 새롭게 등장하는 사회적 변화와 수요에 따라 국정운영 시스템을 보완하고 재구조화할 필요는 상존한다. 예를 들어 일본은 국정운영의 효율화를 위해 디지털 강화를 목표로 2021년 9월 디지털청을 출범시켰다. 우리나라도 단순한 통계업무만 담당하는 통계청에서 이제는 국가 전체의 빅데이터를 관장하는 빅데이터청과 같은 새로운 기능의 부처가 필요하게 되었다.

행정운영 시스템의 비효율을 극복하기 위해 기존 관료제의 역기능을 과감히 개혁할 필요가 있다. 예를 들어 저출생 문제를 해결하기 위해 마련된 2024년 저출생 관련 예산은 47조 원에 달한다. 이 가운데 저출생 관련 핵심직결 과제의 예산은 절반인 23조 5,000억 원이고, 나머지 절반은 지자체-대학협력, 청소년 스마트폰 중독예방, 관광사업 창업지원, 청년자산 형성지원 등과 같이 저출생에 간접적으로 영향을 미치는 포괄 사업 비용에 해당한다. 그런데 우리나라 2023년 출생아 수는 23만 8,300명에 불과하다. 만약 정부가 행정조직을 통해 저출생 관련 정책을 운영하기보다 직접 신생아에게 예산을 나눠 준다면 47조 원의 예산은 신생아 1인당 2억 원에 해당하고, 핵심직결 과제 예산만 나눠 주어도 1인당 1억 원을 나눠 줄 수 있다. 행정관료제도의 비효율을 보여 주는 단적인 예다.

또 다른 예로 우리나라는 의무교육 중심의 보편교육이 교육행정의 중심이 되어 있다. 그래서 초중고에 정부 예산이 집중되고 유럽과 달리 대학에는 정부 예산이 제한되어 있다. 더 나아가 대학에 대한 예산 지원도 교육부의 규제 중심 행정운영으로 대학에 대한 경상비 지원이 아니라 교육부의 정책 방향을 따르면 지원받을 수 있는 사업별 예산으로만 이루어져 있다. 하지만 유럽에서는 대학을 국가의 미래를 이끌어 갈 인재들을 키우는 곳으로 인식하기에 미래 투자의 관점에서 국가가 지원한다. 연구비뿐만 아니라 경상비도 지원하고 학비까지 정부가 지원하는 구조를 갖추었다.

참고로 2021년 기준으로 우리나라 학생 1인당 정부가 지원하는 공교육비는 초등학교가 1년에 1만 4,873달러, 중고등학교 1만 9,299달러다. 이에 반해 OECD 국가 평균은 초등학교 1만 1,902달러, 중고등학교 1만 3,324달러이다. 이를 보면 우리나라의 공교육비 지출이 초등학교는 25%, 중고등학교는 45% 정도 OECD 평균보다 높게 나타난다. 반면에 대학을 대상으로 하는 고등교육의 공교육비는 우리나라가 1만 3,573달러이고 OECD 평균은 2만 499달러로, 우리나라의 고등교육 공교육비가 OECD 평균보다 51%나 적다. 이러한 특성은 70%가 넘는 전 세계 최고의 고등교육 진학률을 보이는 우리나라가 아직도 대학 교육비용은 미래를 위한 국가의 투자라고 보기보다는 돈이 있는 개인이 부담해야 한다는 과거의 인식에서 행정을 운영하기 때문이다.

이제 AI 시대를 맞아 국가행정 시스템 개혁이 본격적으로 논의될 시기가 도래했다. 20세기에 형성된 국가운영 패러다임이 21세기 사회에는 맞지 않기 때문이다. 우리가 코로나 사태 때 일본 정부가 팩스로 전송된 통계만 공식적으로 유효하게 취급하는 것을 보고 비웃었지만, 우리 행정 시스템에도 이와 유사한 일이 비일비재하게 남아 있다. 정책의 집행은 기존 관행을 단순히 답습하기보다 과학적 분석을 통해 효과성을 측정하고 사전 정책 설계를 치밀하게 한 다음에 이뤄져야 한다. 행정 시스템은 미래 사회에 걸맞은 행정 수요를 분석하고 이에 따라 체계적으로 재구성돼야 한다.

미래학자 제러미 리프킨Jeremy Rifkin은 미래에 정부가 담당해야 하는 것은 규제와 지원 중심의 행정운영이 아니라 보다 풍요롭고 자아실현이 가능하도록 개인의 삶을 도와주는 간접적인 방식으로 인프라 구축에 치중하는 것이라고 했다. 이러한 관점에서 미래 정부의 국정운영 설계는 네 가지 관점에서 접근해야 한다.

첫째, 행정 시스템을 새롭게 구축해야 한다. 행정구조가 새로운 사회적 요구에 따라 재구성될 필요가 있다. 행정구조 구축을 위한 아이디어로 인간의 욕구단계를 규명한 매슬로Abraham Maslow의 생리적 욕구physical needs, 안전의 욕구safety needs, 사랑과 소속의 욕구love and belonging needs, 존경의 욕구esteem needs, 자아실현의 욕구self actualization needs 등과 같이 국가가 국민이 반드시 필요로 하는 수요를 바탕으로 행정 시스템을 재구성할 필요가 있다(〈그림 5-2〉 참조).

둘째, 행정운영을 AI 시대에 맞게 효율화해야 한다. 기존의 많은 행정업무는 다양한 절차와 문서서류 작업을 통해 이루어져 왔다. 하지만 이제는 단순 반복 작업에 해당하는 업무들은 AI의 도움을 받아 자동화·간소화될 수 있다. 대체 불가능한 토큰인 NFTNon-Fungible Token 방식을 활용하면 많은 행정업무는 데이터의 자동축적 분석에 의해 효율화될 수 있다. 빅데이터를 활용한 AI 행정운영을 하면 일일이 서류를 발부하고 제출할 필요가 없어지고 절차도 단순화될 수 있다.

셋째, 행정기능이 혁신되어야 한다. 기존 관료제의 행정운영 방식은 국민들에 대한 불신에서 기능이 정립되었다. 부정한 방법으로 사회에 해를 끼치는 것을 방지하고 공동체 이익을 위해 사전에 규제하는 기능으로 행정은 구축되었다. 하지만 이제는 행정이 규제보다는 서비스를 위한 기능으로 탈바꿈해야 한다. 공동체 이익에 반하는 행위에 대해서는 사전 규제가 아니라 사후 법적 조치를 통해 엄격하게 제재를 가해야 한다. 하지만 개인의 자유를 최대한 보장하고 자아실현이 가능하도록 행정은 다양한 서비스를 제공해 주어야 한다.

현재 정부의 행정기능은 과거 산업화 시대 설정되었던 동원mobilization·진흥promotion·규제regulation 중심의 기능을 계속 유지하고 있다. 하지만 이러한 동원·진흥·규제 중심의 기능으로는 미래에 직면할 복잡하고 다양한 문제들의 해결을 기대하기 어렵다. 정부의 기능은 총체적 안전과 사회안전망 확충 등 국민들이 존엄성을 갖고 생활하기 위해 필요한 기본 자원을 제공해 주는 것이어야 한다. 그리고 인적·물적 자원을 장기적 관점에서 확보하고 제공하기 위한 인프라를 구축해야 한다. 더 나아가 국민들이 자아실현을 할 수 있도록 다양한 문화적 수요에 대응하여 이를 지원하는 기능을 담당해야 한다.

넷째, 행정 대상의 변화에 능동적으로 대응해야 한다. 이제 단일민족의 개념도 변화하고 국민의 개념도 바뀌고 있다. 우리나라에 거주하며 살고 있는 외국인, 외국인 여행자 및 단기체류자, 해외교포 및 단기체류 해외거주 국민, 사회적 약자 등 다양한 대상에 대한 행정업무를 효과적으로 실행해야 한다. 글로벌 네트워크가 확대되면서 국경을 넘어 다양하게 국내외에서 활동하는 사람들을 행정 대상으로 삼아야 한다. 그리고 과거에 간과되었던 사회적 약자들을 위한 행정업무의 강화가 필요하다. 전통적 행정 대상에서 더 확대된 행정 대상을 고려하는 것이 필요한 시기가 되었다.

이와 같이 새로운 미래 사회의 변화에 부응하는 'S. O. F. T. Government'의 구축이 미래 정부의 혁신적 방안이 될 수 있다 (〈그림 5-1〉 참조).

그림 5-1 미래형 정부 시스템

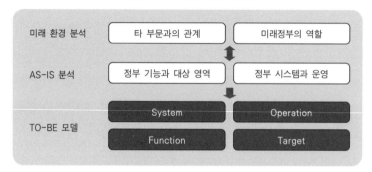

미래 환경 분석	타 부문과의 관계	미래정부의 역할
AS-IS 분석	정부 기능과 대상 영역	정부 시스템과 운영
TO-BE 모델	System	Operation
	Function	Target

그림 5-2 국민 수요를 기준으로 한 정부 시스템

정부 시스템의 효율화   기능적 분화와 통합의 균형

Planning Coordination Evaluation 기획재정부 행정안전부 국무조정실 감사원 인사혁신처 국가청렴위원회 조달청 등	삶의 질 제고 High Quality of Life	문화체육관광부, 보건복지부(복지), 국가유산청 등
	자원 관리 Resource Management	인적 자원: 고용노동부, 교육부, 연구기관 등 자연 자원: 산업통상자원부(자원), 농림축산식품부, 해양수산부 등
	인프라 Infrastructure	무형 인프라: 법무부, 법제처, 검찰청, 공정거래위원회, 금융위원회, 한국소비자원 유형 인프라: 국토교통부, 산업통상자원부(전기, 원자력) 등
	사회적 안전 Social Safety	보건복지부(보건/의료), 국가보훈부, 국토교통부(주택), 국가인권위원회, 환경부(환경오염관리) 등
	국가적 위험 관리 Total Security	국방부, 산업통상자원부(에너지, 자원), 경찰청, 해양경찰청, 소방청, 비상기획위원회, 식품의약품안전처 등

4. AI 시대 입법의 미래

입법의 기능은 국가라는 공동체의 공화제적 이익을 위해 다양한 제도적 틀과 행동양식을 법으로 규정하는 것이다. 그렇다면 먼저 무엇이 공동체 이익에 합치하는지를 논의할 필요가 있다. AI 시대의 도래에 따라 무엇이 국가라는 공동체이고, 국가 또는 중앙정부가 어디까지 국민의 삶에 개입해야 하는지 논의해야 한다. AI 시대로 진입하면서 개인은 점차 국가의 개입 없이도 자율적 주체로서 생활하는 데 불편함이 없는 새로운 문명을 맞게 될 것이다. 따라서 근대 이후 발전한 현재 국가의 역할이 획기적으로 변화할 가능성이 있다.

AI와 빅데이터 분석 시대가 도래함에 따라 여론조사를 통해 국민들의 여론을 파악하는 것은 시대착오적인 것처럼 보인다. 응답률이 10%에도 미치지 못하고 자신의 의사를 밝히기를 꺼리는 응답자들을 대상으로 한 여론조사 결과를 갖고 유권자들의 진의를 파악하는 것은 많은 한계가 있다. 마찬가지로 AI 시대를 맞아 대의정치의 의미가 급격히 변화할 수 있다. 대의정치는 직접민주제를 실행하기 어렵기 때문에 일정한 기간 국민의 뜻을 대변하는 대리인을 선출하여 그들로 하여금 유권자들의 정치적 의사를 대신 수행하도록 하는 것이다. 정당은 정치적 이념과 비전을 공유하는 집단들로서 간접적으로 국민들의 정치적 의사를 대변할 수 있는 집단이라고 할 수 있다. 그러나 만약 AI가 직접민주제를 실행할 수 있는 수단이 된다면 미래의 정당과 대의정치의 양상은 크게 달라질 수 있다.

물론 유발 하라리가 최근 저서 《넥서스》에서 지적하듯이 AI가 인간을 대신하여 정치적 견해를 생성하면서 원래 유권자가 가진 정치적 의사의 결합보다 정보를 왜곡하여 정치에 영향을 미칠 수 있는 가능성은 존재한다. 2016년 미국 대선에서도 2,000만 개의 트윗 중에서 약 20%에 달하는 380만 개의 트윗이 AI봇에 의해 만들어졌다는 것이 밝혀졌다. 우리나라에서도 드루킹 댓글 여론 조작이 문제가 된 것처럼 AI에 의해 생성된 정보가 여론을 왜곡시킬 가능성이 존재한다.

따라서 이를 평가하고 판단하는 정당과 국회의원과 같은 대리인의 역할도 여전히 필요할 수 있다. 하지만 AI가 지속적으로 발전하면 현재와 같은 의회제도가 효과적 대의정치의 장점을 유지하면서 지속될지 미지수다. 더 나아가 대의정치를 통해 국가 전체를 획일적으로 운영하는 입법의 역할도 축소될 가능성이 크다.

국회의원 선거는 정당이 공천한 후보와 무소속 후보를 대상으로 이루어지는데, 거대 양당구도가 갖추어진 우리나라에서 정당의 공천은 선거 결과에 많은 영향을 미친다. 더구나 영호남 지역구의 경우 공천 자체가 국회의원 선거의 당락을 결정하는 데에 절대적이다. 그렇기에 공천권에 막강한 영향력을 행사하는 당권을 장악하기 위해 정치적 투쟁이 심각하게 나타난다. 여당의 경우 대통령과 당대표의 갈등이 나타나기도 한다.

이처럼 당의 공천이 중요하기 때문에 국회의원은 입법을 담당하는 독립적 헌법기관으로서 정치활동을 해야 함에도 불구하고 실제로는 당론에 절대적으로 복종하고 당 집행부의 환심을 사려고 과도한 정치행위를 일삼는다. 정당은 합리적인 공천심사 제도를 채택한다고 하지만 현실에서는 당권을 장악한 당대표 등 당 지도부의 다양한 영향력을 배제하기 어렵다. 이 같은 제도적 특성으로 인해 국회에서의 정치활동은 정당 간 극단적 대립으로 흐르기 쉽고 타협과 협상의 정치행위는 찾아보기 어렵게 된다.

이러한 문제를 해결하기 위해서는 몇 가지 방안이 논의될 수 있다. 하나는 교육감 선거처럼 국회의원 후보 정당공천제를 폐지하는 것이다. 다른 하나는 당 집행부에서 공천을 결정하는 것이 아니라 당내에서 여러 명의 후보가 나와서 예비선거와 결선투표제를 통해 후보를 결정하는 것이다. 어느 경우든 당대표의 영향력을 최소화하는 방안을 마련하는 것이 필요하다. 이외에도 지역구를 소선거구제보다 중대선거구제로 전환하고 직능 대표 중심의 비례대표제를 강화하는 것이 필요하다. 지역별로 정당 공천이 당선을 좌우하는 폐해를 막기 위해 중대선거구를 통해 다양한 정당이 합의 과정을 거쳐 지역의 이익을 대변하는 것이 바람직할 수 있다.

현재 우리나라는 견제와 균형의 입장에서 국무총리, 감사원장, 대법원장 및 대법관, 헌법재판소장의 임명에 대해서는 국회의 임명 동의 절차를 거쳐야 한다. 국무위원, 헌법재판관, 중앙선거관리위원, 국세청장, 검찰총장, 국정원장, 경찰청장, 방송통신위원장 등에 대해서는 국회의 인사청문회 제도를 채택하고 있다. 또한 3명의 헌법재판관과 3명의 중앙선거관리위원은 국회에서 지명하게 되어 있다.

인사청문회제도는 2000년 처음 도입되어 입법이 행정과 사법에 정치적 영향력을 미치는 제도이다. 임명 예정 공직자가 공직에 대한 수행능력과 인성적 자질을 갖추었는지를 검증하는 제도인데, 그 효용성에 대해 많은 문제가 제기되고 있어서 개선이 필요하다. 먼저 국가의 공직을 담당할 수행 능력보다는 정치적 논쟁의 수단으로 활용되는 측면이 강하다. 국회가 공직 적격 여부에 대한 보고서를 제출해도 대통령은 이를 법적으로 지켜야 할 의무가 없기 때문에 인사청문회는 후보 망신 주기나 정치적 공방으로 끝나고 공직 수행 능력을 판단하는 실효성이 없는 경우가 많다. 윤석열 정부의 경우 인사청문회 보고서 채택 없이 임명

된 장관급 인사는 27명에 달한다. 따라서 국정을 효율적으로 운영하기 위해서 인사청문회 제도는 개선될 필요가 있다.

더 나아가 방송통신위원회, 원자력안전위원회, 국가인권위원회 등 행정 영역과 헌법재판소와 같은 사법 영역의 위원 임명에 여야 정당의 국회 추천제는 폐지되는 것이 바람직하다. 첨예하게 대립되어 정쟁을 벌이고 있는 여야 정당이 추천으로 위원을 임명하면 그 위원은 여야의 정치적 견해와 이익을 대변하는 대변인 역할을 수행하기 때문에 의견 대립과 갈등이 팽팽해서 위원회가 결정해야 할 중요한 사항들이 결론에 이르지 못하고 장기간 표류하곤 한다. 국가 전체의 이익보다는 정당의 이익을 대변하는 위원의 정당 추천은 갈등을 심화시키기만 하기 때문에 개선되는 것이 바람직하다.

이외에도 국회가 모든 국가운영 규칙을 일방적으로 규정하는 것이 적절한 것인지에 대해서도 논의가 필요하다. 민주화 이후 과대 성장한 입법 규제와 국가 기능의 확대는 점진적으로 축소되는 것이 바람직하다. 젊은 세대에서 혼인신고를 하지 않는 경우가 늘어나고 있다. 유럽 오스트리아에서는 공식적으로 결혼하는 비율이 20%에 불과하다. 결혼이라는 사적 영역을 국가가 관리 감독하는 것이 적절한 것인지 의문이 제기되고 있다. 사적 영역에 해당하는 이혼도 사법부라는 국가기관에 의해 판단을 받는다는 것이 부적절하다고 인식하기도 한다. 이처럼 근대화 과정에서 형성된 국가 기능의 많은 부분들은 점차 축소될 가능성이 높다.

AI 시대로 바뀌면 전 세계가 네트워크로 연결되고 시간과 공간의 자유로운 이동이 가능하게 되어 국가의 영역을 넘는 활동이 활발하게 나타날 것이다. 중소기업이 과도한 상속세로 인해 기업승계가 어려워지자 기업 창업주들이 상속세가 없는 싱가포르와 같은 국가로 이민을 가는 현상이 급격히 늘어나고 있다. 이처럼 국가의 틀 안에 개인의 삶을 가두기 어려운 현상이 더욱 심화될 것이다.

그렇기 때문에 국가가 모든 것을 하나의 틀로서 규율하기보다는 지방정부의 역할을 강화하는 것이 바람직할 수 있다. 미국에서도 대통령이 연방정부를 관할하지만 주정부가 연방정부의 정책을 모두 따라야 하는 것은 아니다. 세제도 각 주마다 다르게 적용되고 있어서 많은 기업들이 세금 혜택이 많은 텍사스주나 플로리다주로 이전하는 것을 흔히 볼 수 있다. 예를 들어, 워싱턴 시애틀에 본사를 두었던 보잉사가 본사를 이전하려고 하자 시애틀 시정부와 워싱턴 주정부는 보잉 본사 이전을 막기 위해 세금 감면, 부지 및 기반 시설 지원, 직원들을 위한 교통 및 인프라 개선, 연구개발 지원 등 산업지원 정책 강화, 주정부 차원의 장기적 성장전략 수립 등 각종 혜택을 제시했다. 하지만 보잉은 2001년 시카고로 본사를 이전했고, 이후 2022년에 다시 본사를 시카고에서 버지니아주 알링턴으로 이전했다.

최근 반도체법을 둘러싼 주 52시간 근무제로 국회에서 양당의 입장이 첨예하게 대립되어 법안 통과가 난항을 겪는 것을 볼 때 국가가 일방적으로 모든 것을 규정하기보다는 지방의 특성에 맞게 자율적으로 정할 수 있도록 하는 것이 바람직하다. 제주특별자치도, 강원특별자치도, 전북특별자치도나 부산광역시와 인천광역시와 같은 지방정부가 자율적으로 지방의 특성에 맞는 법과 규정을 제정하고 원하는 기업을 유치하여 법인세를 부과할 수 있는 지방 시대가 본격적으로 시작되어야 한다.

지방정부 차원에서 시장 자유를 활성화할지, 노동 이익을 옹호해야 할지, 평등하고 공정한 사회를 지향할지, 개방적이고 자유로운 시장경제를 활성화할지 등 다양한 정책 방향을 지방정부와 지방의회가 자유롭게 정할 수 있도록 해야 한다. 이에 따라 개인과 기업은 이전의 자유를 갖고 자기가 살고 싶은 지역을 선택할 수 있도록 해야 한다. 지방정부에 획기적인 자율권을 부여해야만 수도권 집중이 완화되고 지역균형 발전이 가능해진다. 이를 위해 국세와 지방세의 재구조화도 반드시 수반되어야 한다. "달걀을 한 바구니에 담지 말라"고 하는 외국 격언처럼, 획일적 국정운영이 아니라 지방의 다양성을 통해 국가 경쟁력을 높이는 방향으로 국정이 운영되어야 한다.

국가 전체의 미래 과제를 현재 국회 시스템에서는 풀어내지 못하고 있다. 정치적 이해관계 때문에 노동개혁, 교육개혁, 연금개혁과 같은 미래 세대를 위한 주요 이슈를 해결하지 못한다. 22대 국회의원 당선자들의 평균연령은 56.3세다. 젊은 세대는 평균 연령이 60대에 가까운 국회의원들이 자신들의 미래에 관한 정책 이슈를 해결하지 못하는 데 큰 불만을 갖고 있다. 따라서 미국처럼 양원제를 취하되, 지역을 대표하는 상하 양원제가 아니라 세대별 상하 양원제를 택하는 것도 가능하다. 특히 40대 이하 국회의원들로만 구성된 가칭 미래원에 미국 상원처럼 중요한 미래 이슈에 대해 독자적으로 결정할 수 있는 권한을 주는 것이 바람직하다.

이처럼 국가의 입법 시스템도 국가 전체가 공통적으로 정해야 하는 것은 최소화하고 지방과 세대의 특성에 따라 다양한 선택이 가능하도록 하는 것이 필요하다. 특히 AI 시대가 본격적으로 찾아오면 원격교육, 원격의료, 재택근무, 창직 등이 활성화되어 지방에 쾌적한 환경과 최첨단 주거와 일자리가 마련된 스마트시티가 다양하게 구축될 것이다. 그렇게 되면 지방정부별로 교육자치, 경제자치, 행정자치, 사법자치 등 다양한 자치 기능이 특성화하여 발전할 수 있다. 이를 위해 국회가 독점하는 국가 주도의 입법은 지방정부 중심의 입법으로 분권화되는 것이 바람직하다.

5. AI 시대 사법의 미래

사법 영역은 독립적이고 객관적인 판결이 가능하도록 모든 이해
관계와 정치적 영향력으로부터 자유로워야 한다. 사법이 정치적
이해관계에 종속될 때 사법부에 대한 불신은 심화된다. 개인과
국가의 모든 현안에 대한 최종 심판관으로서 신뢰를 상실하면
국정운영은 혼란에 빠지게 된다. 그렇기에 사법 영역에 정치가
개입되는 것은 막아야 한다.

헌법재판관의 임명을 국회와 정당에서 추천하는 것과 법관
청문회 제도는 개선될 필요가 있다. 정치적인 영향력이 내재화
될 수밖에 없는 정당의 법관 추천 제도는 법관의 재판 독립성을
침해할 수 있는 여지가 크기 때문에 적절한 제도로 보이지 않
는다.

또한 우리법연구회와 국제인권법연구회와 같은 판사들의 사
적 조직은 해체되어야 한다. 법관은 오직 법과 양심에 따라 재판
에 임하는 절대적 독립 주체이다. 그렇기에 사적 집단을 중심으
로 정치적 견해나 이해관계가 판결에 영향력을 미칠 가능성에
대한 오해의 여지는 사전에 차단해야만 한다.

AI 시대를 맞아 사법제도 또한 크게 바뀔 것이다. AI를 재판
과정에 도입하면 재판이 보다 신속하고 간결하게 이루어질 수

있다. 법원 서기 기능을 AI Clerk이 담당하고 단순 재판의 경우 AI 판사가 역할을 대신할 수 있을 것으로 예견되고 있다. 이미 중국 항저우의 모바일 법원은 300만 건 이상의 법적 사건을 처리했다. 에스토니아에서는 AI 판사가 7,000유로 이하의 소액 청구에 대해 판결하고 항소의 경우에만 인간 판사가 재심을 담당한다고 한다.

사법부의 신뢰가 정치적 편향성과 이해관계에 따라 심각하게 훼손되면 인간은 AI의 판단을 보다 공정하고 객관적이라고 더 신뢰하게 될지 모른다. AI 시대를 맞아 사법 시스템의 획기적인 변화가 이루어져야 할 것이다.

6. 삼권분립 민주주의 위기 극복 방안

12·3 계엄령 발동으로 촉발된 한국 정치 시스템의 구조적 문제를 해결하기 위해 다양한 개헌 논의가 이루어지고 있다. 윤석열 대통령 탄핵이 인용되어 두 달 안에 대통령 선거를 치러야 하기 때문에 개헌 추진의 시간표는 너무 촉박한 감도 없지 않다. 이런 이유로 일부 대선 주자들은 현행헌법을 근거로 자신이 대통령에 당선되면 임기를 3년으로 단축하고 개헌을 최우선 국정과제로 삼아 이를 수행하고 임기를 마치겠다는 공약을 내세우기도 한다.

현행 87년 체제의 헌법은 20세기 패러다임에 기초한 국정운영 시스템을 담고 있어서 획기적으로 바꿀 필요가 있다. 하지만 미래를 위해 과감하고 혁명적인 변화를 단기간에 이루는 것은 쉽지 않다. 따라서 현재 정치 위기를 극복하기 위한 과도기적 헌법개정을 먼저 추진하고 추후에 21세기 국정운영에 걸맞은 헌법을 제대로 마련하는 것이 필요할지 모른다. 이를 위해 추후에도 쉽게 개정할 수 있는 연성헌법을 일단 마련하는 것도 한 방법이 될 수 있다. 헌법개정 국민발의제 등을 통해 헌법개정의 길을 쉽게 열어 놓거나 미국과 같이 수정헌법을 지속적으로 첨가할 수 있는 헌법을 만들 수도 있다.

새로운 헌법개정에서 주요한 의제는 제왕적 대통령제와 국회의 과잉 입법권 등을 규율하고, 대통령 4년 중임제, 국회해산권, 이원집정부제 등과 같은 제도의 개선 작업이 주로 논의될 것으로 보인다. 하지만 장기적 관점에서 볼 때 보다 더 중요한 것은 향후 미래 사회의 국정운영을 어떤 방향으로 할지에 대한 치열한 논의와 국민적 합의이다. AI 시대를 맞아 획기적으로 변하게 될 인류문명사의 대전환을 우리나라가 어떻게 맞아야 할지에 대한 고민이 시작되어야 된다. 중앙정부의 권한을 축소하고 지방정부의 권한을 강화하여 다원화된 사회 시스템을 구축하는 것이 무엇보다 필요하다. 빠르게 변화하는 사회에서 국가의 역할을 규정하는 헌법은 경성헌법보다는 연성헌법의 틀을 갖추는 것이 바람직할 것이다.

개인의 사적 관계를 규율하는 민법에서 가장 기본적인 원칙은 실정법 규정에 정해져 있는 법조항보다 자연법에 기초한 '신의와 성실'의 원칙이다. 국가와 국민의 관계를 규율하고 국정운영을 규율하는 헌법에서도 국가라는 공동체의 이익을 도모하기 위해 정치에서 합의와 협치의 정신을 우선 원칙으로 삼아야 한다. 하지만 오늘날 일어나고 있는 정치의 난맥상과 국정운영의 파행은 정당과 정치인들이 자연법 정신에 따른 기본적 원칙들을 무시하고 실정법 규정만을 앞세워 법 논리만으로 다투는 데서 비롯되었다.

오늘날 행정은 추후에 정권이 바뀌면 법의 규제를 소환해 처벌받는 것을 두려워서 책임 회피를 위한 규제 강화나 무사안일 보신주의에 빠져 있다. 입법은 무소불위로 다양한 법안을 만들어 자신들의 정치적 이익을 위해 입법권을 강화하고 있고, 사법은 법의 정신보다 법의 논리에만 의존하여 재판하는 국정운영의 난맥상을 보이고 있다. 이런 현상이 심화되면 국가운영의 비효율은 증대된다. 더 나아가 행정·입법·사법의 삼권이 건전한 상식하에서 견제와 균형을 이루는 것이 아니라 자신의 이익을 극대화하기 위해 정치적 투쟁을 하게 될 때 삼권분립 민주주의라는 제도는 심각하게 붕괴될 수밖에 없다.

21세기 인류문명사가 획기적으로 바뀌는 시기에 구시대의 정치 시스템으로 미래의 국정을 운영하는 것은 시대착오적일 수 있다. 삼권분립의 민주주의가 위기를 맞고 있는 현시점에 미래지향적 헌법을 마련하는 것은 매우 시의적절하다. 이제 헌법개정은 정치인뿐만 아니라 온 국민이 지혜를 모아 반드시 이루어야 할 시대적 과제가 되었다.

참고문헌

나임, 모이제스(2015), 《권력의 종말》, 김병순(역), 서울: 책읽는수요일.

레비츠키, 스티븐·대니얼 지블랫(2024), 《어떻게 극단적 소수가 다수
를 지배하는가》, 박세연(역), 서울: 어크로스.

월터, 바버라(2025), 《내전은 어떻게 일어나는가》, 유강은(역), 파주:
열린책들.

최장집(2010), 《민주화 이후의 민주주의》, 서울: 후마니타스.

추아, 에이미(2020), 《정치적 부족주의》, 김승진(역), 서울: 부키.

커즈와일, 레이(2007), 《특이점이 온다》, 김명남(역), 파주: 김영사.

하라리, 유발(2024), 《넥서스》, 김명주(역), 파주: 김영사.

_____(2017), 《호모 데우스》, 김명주(역), 파주: 김영사.

Hamilton, Alexander, John Jay & James Madison(2007), *The Federalist Papers*, Book Jungle.

Klein, Ezra(2020), *Why We're Polarized*, New York: Avid Reader Press.

Kurzweil, Ray(2024), *The Singularity is Nearer*, New York: Viking Press.

Lessig, Lawrence(2019), *They Don't Represent Us*, New York: HarperCollins.

Stanley, Jason(2024), *Erasing History: How Fascists Rewrite the Past to Control the Future*, New York: One Signal Publishers.

_____(2018), *How Fascism Works: The Politics of Us and Them*, New York: Random House.

6장

윤석열의 계엄

'87년 체제'의 구조와 변화, 붕괴를 중심으로

최장집

1. 서론

12·3 비상계엄 사태는 한국 민주주의에 경종을 울린 대사건이다. 군을 동원한 현직 대통령에 의한 쿠데타가, 다른 곳도 아닌 민주화의 한 대표적인 사례로서 널리 알려진 바 있는 한국에서 발생했다는 사실부터가 충격적이다. 이 사태는 민주주의에 의한 국가 운영에 부정적 영향을 미칠 뿐만 아니라, 탈냉전 시기 급변하는 국제정치 환경에서 한국이 가져야 할 국가 책략statecraft을 발전시키는 데도 커다란 장애가 될, 심각한 정치적 자해행위가 아닐 수 없다.

우리가 지금 마주하는 이 현상은 정당도 의회도 제 역할을 못하는, 대통령 중심 정부의 새로운 미래인가? 그렇다면 우리는 군이 통치하던 시기보다 무서운 시대로 접어든 것인가? 아니면 이 위기를 딛고 건강한 민주주의를 발전시킬 수 있는 전환적 계기를 마련할 것인가?

한림대에서 주최한 이번 심포지엄에서 필자는 왜 이러한 사태가 발생하게 됐는지 질문했다. 그 원인은 지난 세기인 1987년 한국의 민주화를 가능케 했던 87년 체제의 붕괴에 있다고 생각한다. 이를 설명하기 위해 87년 체제의 생성부터 해체에 이르기까지 한국 민주주의 변화에서 중요한 대목들을 짚어 본다. 이 짧은 서론에 이어 본론에서 다룰 소주제는 다음과 같다.

2. 87년 체제의 기본 틀로서 '협약에 의한 민주화'의 특성

3. 민주화 운동 세대, 그리고 대통령 권력의 확대 강화와 정당의 약화

4. 문재인 정부와 '협약에 의한 민주주의 체제'의 해체

5. 한국 민주주의에 충격을 가한 세 가지 변화:
   캠프정치, 팬덤정치, '청와대 정부'로의 발전

6. 과거와의 전쟁과 한국 민주주의의 몰락

7. 결론: 양당제를 넘어 다원 민주주의를 위하여

2. 87년 체제의 기본 틀로서
'협약에 의한 민주화'의 특성

한국 민주주의를 보통 87년 체제라고 말한다. 이 체제는 시작된 지 한 세대도 더 지나 이번 12·3 비상계엄 사태로 사실상 막을 내렸다. 이 체제는 2016~2017년 촛불시위에 이어 등장한 민주당-문재인 정부의 등장과 함께 해체되거나 심각한 위기에 처한 바 있었다.

필자는 민주화 이론가들의 개념을 따라 87년 체제를 '협약에 의한 (민주주의로의) 이행pacted transition'으로 특징지어 왔다.[1] 앞선 구체제Ancien Régim, 즉 권위주의 체제의 지배권력과 민주화를 위해서 투쟁했던 세력이 맺은 상호 간 협약의 산물이기 때문이다.

한국에서의 민주화와 민주주의는 분단과 한국전쟁을 포함한 냉전의 조건을 이해하지 않고서는 전체적 특징을 파악하기 어렵

---

[1] 민주화에는 '위로부터의 개혁에 의한 민주화'(권위주의 권력이 개혁 조건과 변화 과정을 지시하고, 통제하는 것), '개혁에 의한 이행'(대중 동원이 민주화를 이끌지만, 구체제 권력자들이 권력에서 제거되지 않는 민주화) 등 여러 유형이 있다. Philippe C. Schmitter(1996), "Dangers and Dilemmas of Democracy", In Larry Diamond & Marc F. Plattner(Eds.), *Global Resurgence of Democracy* (pp.76~108), Johns Hopkins University Press.

다. 두 모순적 명제를 동시에 충족시키는 것이 한국 민주주의의 조건이다. 즉, 한국은 동아시아 냉전의 최전방 방어선으로서의 역할을 해야 한다는 것이 군사 안보적 조건이다. 다른 하나는 그럼에도 분단국가인 한국의 존재 이유는 제3세계 국가들이 민주화하는 데 있어 자유주의적 민주주의 국가로서 그 전범을 보여주어야 한다는 것이다. 이들은 한국이 해결해야 할 이율배반적 명제이다.

먼저 강력한 국가 발전을 동반하는 군부 권위주의가 첫 번째 역할을 했다. 하지만 구체제에서도 국회에서 민주주의를 대표하는 야당의 역할과 학생운동의 공간은 열려 있었다. 1980년 광주민주화운동을 거쳐 1987년 6월항쟁에서 민주화의 성취는 피를 흘리지 않고 가능했다. 1987년 민주화가 냉전 해체의 마지막 단계에 해당하는 미국의 레이건 정부 시기에 성공할 수 있었다는 사실을 유념할 필요가 있다.

한국의 민주화 과정에서 '변형주의'2는 부정적이기보다 긍정

---

2   변형주의trasformismo, transformism란 19세기 중반부터 20세기 전간기에 이르기까지 이탈리아 독립운동과 '남부 문제'를 둘러싸고 발생한 갈등과 연관된 말이다. 북부 산업지대의 부르주아 산업가들이 남부의 빈한한 농업지대 대농장 소유주들과 정치적 동맹을 맺음으로써 북부 산업가들의 헤게모니를 관철하는 보수적 연맹이 생겨난 것이다. 그람시의 유명한 말 '역사적 블록'은 이를 두고 하는 말이다.

적인 결과를 만들어 냈다. 민주화 직후 그것이 안정적으로 정착하는 데 기여했기 때문이다. '3당합당'이 그 예이다. 1990년 초 민주화 이후 첫 번째 정부인 민정당-노태우 정부하에서 다른 두 야당 대표인 민주당-김영삼, 공화당-김종필과 합당해 민자당이라는 거대 여당이 만들어졌다.

3당합당으로 정치적 갈등 축이 구체제의 권위주의 세력과 민주화 세력을 대표하는 정당 및 지도자 간의 통합으로 이어졌다. 김대중의 평민당을 배제했기 때문에 정치의 경쟁 축이, '민주 대 반민주'에서 호남을 배제하는 '경상도 대 전라도'로 옮겨졌다. 한국에서 변형주의는 이런 방식으로 이루어졌다.

3당합당의 효과는 14대 대선에서 민주당 김영삼이, 15대 대선에서 평민당 김대중이 당선되면서 당 대 당 정권교체로 나타났다. 비록 이 과정에서 정치의 경쟁 축이 '민주 대 반민주'에서 '지역 대 지역'의 방향으로 재편성되었다 해도, 민주화는 확실히 공고화 단계에 이르렀다.

민주화 이론가들은 상호 간 협약을 통해 민주화가 성사되었을 때 발생하는 문제를 제시했다. 구체제부터 존재해 온 사회적 내용과 정치적 형식 간의 모순관계를 어떻게 조정할 것이냐는 문제가 그것이다. 이 문제는 또한 한국에서 협약에 의한 민주화가 성사되는 과정에서 중심적인 이슈이기도 했다. 달리 표현할 수도 있다. 그것은 '진보 대 보수', 민주화 이후 민주주의 체제 하에서 '민주 대 반민주'를 대립 축으로 경쟁한다고 하더라도 사회경제적 쟁점을 어떻게 정치적으로 대표할 것인가 하는 문제였다.

'개혁의 조타수'로서 직접 선출된 대통령의 역할은 광범하게 공감되고 지지되었지만, 사회경제적 문제를 정치적으로 대표할 수 있는 정당의 발전은 가능하지 않았다. 이데올로기적 영역과 차원에서는 보수와 진보로서 차이가 있었을지 모르나, 노동자·농민 문제를 포함하는 사회의 실체적 문제를 대표할 수 있는 정당은 출현할 수 없었다.

즉, 한국에서는 민주 대 반민주, 진보 대 보수, 여야의 구분은 있었지만, 사회경제적 대표성이라는 차원에서 차이를 갖지 않는 '포괄정당catch-all party'만 존재했다. 사회민주주의적 강령을 갖는 정당은 출현할 수 없었던 것이다. 그러나 이데올로기적 대립만큼은 그 어떤 것보다 강했다. 이것이 민주화 이후 한국 정당체계의 시원적 특징이다.

3. 민주화 운동 세대, 그리고 대통령 권력의 확대 강화와 정당의 약화

1980년대 민주화 운동을 주도했던 이른바 '386세대'로 통칭되는 그룹이 정치 영역으로 진입했을 때 어떠한 변화가 있었는가? 이는 한국 민주주의 발전을 위해 극히 중요한 문제이다. 즉, 이는 한국 정치를 이끌어 가는 영역 또는 정치사회에서 한국 민주주의를 이끌어 가는 정치 엘리트의 단순한 세대교체가 아니라, 한국 민주주의 발전에 근원적 영향을 미칠 수 있는 변화다.

구체제하의 제도화된 의회라는 환경에서 민주화 투쟁을 벌였던 기성 정치인들과, 군부 권위주의 체제에 정면으로 투쟁했던 민주화 운동 세대가 정치에 진입하기 시작했을 때, 어떤 형태로든 변화는 필연적이었다. 후발 민주주의 국가들에서의 민주화는 민주주의 발상지라 할 수 있는 영국, 미국, 프랑스 등 서구의 그것과는 근본적으로 다르다.

새뮤얼 헌팅턴Samuel Huntington이 '제3의 물결'이라고 불렀던 1970~1980년대 후발 민주주의 국가들은, 냉전체제하에서 군부 독재 정권과 격렬한 투쟁을 통해 민주화를 쟁취하는 것이 일반적이었다. 한국은 그 대표적인 사례다. 특히 한국에서의 민주화는 젊은 세대의 학생운동을 통해 성취되었다는 점에서 특별하다.

저명한 사회학자 제임스 콜먼James Coleman은 학생들이 주도한 한국 민주화에 깊은 인상을 받아 그의 '사회적 자본' 이론을 발전시키는 데에 한국 학생운동을 대표적 사례로 들었다. 그들의 집단주의적 일체성은 기동전 형태의 민주화 투쟁을 승리로 이끌었던 중심 요소였다. 그러나 그들이 민주화를 성취한 이후 한국 민주주의를 발전시키는 데 있어 얼마나 좋은 자산이 되었는지는 또 다른 문제다.

민주화 이론의 대가 후앙 린츠Juan Linz는 이렇게 말했다. "더 많은 민주주의가 민주주의 문제들에 대한 해답일 수 있는가? 제도화된 수준에서 용납될 수 있는 갈등이 사회의 여러 다른 수준, 다른 영역으로 전환되면서 확산될 경우 더 큰 양극화를 불러올 수 있다." 또한 "민주화에 기여했던 사람들이 반드시 민주화를 운영하는 데 기여한다고 말할 수 없다."3 최대주의, 최대 결집, 정서적 급진주의, 어떤 문제든 선악 구도로 이해하는 것이 반드시 운동의 특징은 아니다. 그러나 한국 민주화 운동에서는 그것이 사실이다.

젊은 세대가 정치 영역으로 진출하고, 사회적 중견층이 되고,

---

3   Philippe C. Schmitter(2009), "Juan Linz: An Intellectual and Personal Biography of the 'Maestro-Compositore'", In D. Campus & G. Pasquino (Eds.), *Masters of Political Science*(p.129), The ECPR Press.

활동가 그룹으로 시민사회에서 활동하게 될 때, '기동전' 방식의 민주화 투쟁 경험은 이후 '진지전' 방식으로 전개되는 민주주의를 안정적으로 공고화하는 데 어떻게 기여할까? 다시 말해, 권력에 반하는 투쟁이 그 후 민주주의 가치에 맞게 권력을 잘 운영하는 데 있어 좋은 자원이 될 수 있을까?

사회적 자본 개념은 분명히 효과적이고 유용하다. 그러나 정치적·사회적 영역에서 좋은 제도를 만들고, 운영하고, 실천하는 단계에서는 과거 운동을 가능케 했던 사회적 자본이 오히려 불리하게 작용할 수 있다. 즉, 민주주의 사회에서 필요한 보편적 윤리나 도덕의식보다 집단적 자기 이익을 추구하는 파당적 구조를 만들고, 사회학자 에드워드 밴필드Edward Banfield가 말한 '비도덕적 가족주의amoral familism'를 위한 자원이 될 수도 있는 것이다.

민주화에 기여한 운동권은 한국의 민주 세력을 대표함과 동시에 진보세력을 대표한다. 그러나 '민주 대 반민주'라는 익숙한 대립항에서 사실 무엇이 진보이고 무엇이 보수인지 의미가 분명치 않다. 분명한 것은, 민주주의는 모든 좋은 것을, 군부독재는 모든 나쁜 것을 포괄한다. 따라서 한국 사회에서 둘 사이의 개념 구분은 많은 부분에서 애매하다.

사회경제적 측면에서 민주화 이후 한국 정치의 가장 큰 특징 중 하나는, 민주화 이후 운동권이 주축이 되어 노동 문제를 대표하는 정당을 조직하고 발전시킨 적이 없다는 것이다. 제3의 진보 정당 실험은 한국의 정치적 조건과 사회경제적 현실에 기초한 것이 아니었고, 실제로 안착하지 못했다.

오히려 현실은 민주당-문재인 정부 시기 자주 쓰인 '강남좌파'라는 말에 가까웠다. 개혁과 진보를 표방하지만 그 사회적 기반은 중상층 내지 중산층의 로망인 강남에 기초를 두는, 일종의 형용 모순 같은 것이었다. 운동권 진보파가 추구했던 목표와 그 정치적 기반은 이질적이었다. 그것은 정서적 급진주의를 표현하는 것 이상의 의미를 갖지 못했다.

운동권은 민주주의를 증진하고 운영하는 과정에서 무엇에 기여했는가? 김대중 정부 이후 노무현·문재인 정부 시기 운동권 엘리트 정치인들이 정치를 주도하면서 권력을 독점하기 시작했다. 이때 그들이 했던 일은 안팎의 적을 친일파로 범주화하여 적대시하고, 앞선 정부나 반대당을 적폐로 규정하고 청산하는, 정치적 문화투쟁을 통한 숙청 작업에 가까웠다.

87년 체제의 퇴행과 변형은 노무현 정부 때부터 본격화되기 시작했고, 그 결과는 이명박·박근혜 정부의 압도적 승리를 초래한 요인이 되었다. 그 이전 박근혜 정부 역시 '좌익 적폐' 숙청을 앞세웠고 그로 인해 실패했다. 그런데 그것과 정책적 연속선상에 있는 친일파 척결이나 적폐 청산을 내세웠으니 부정적 결과를 낳을 수밖에 없었다.

한편 현실에서는 진보, 보수 할 것 없이 정치의 모든 관심과 초점을 교육받은 도시 중산층에 맞추었다. 그 결과 정치가 수도권의 관심사를 중심으로 이루어지기에 이르렀다. 수도권 집중 심화와 지방소멸 위기는 그 결과가 아닐 수 없다.

4. 문재인 정부와 '협약에 의한 민주주의 체제'의 해체

87년 체제가 구체제의 통치권력과 민주화 세력이 평화적 방식의 민주화에 합의한 결과이자 민주화의 성취였다면, 오늘날 현직 대통령이 군을 동원해 쿠데타를 일으킨 사건은 이 체제의 종언을 보여 주는 것이다. 그러나 '협약에 의한 민주화'에 초점을 두고 살펴본다면, 이 체제는 이미 2017년 민주당-문재인 정부 시기에 뚜렷이 존립의 위기에 처하게 되었다.

2016~2017년 촛불시위를 어떻게 이해하느냐에 따라 이후 민주주의와 정당정치를 이해하는 방식은 달라진다. 그것은 그동안 한국 사회가 안고 있던 많은 문제를 포괄한다. 촛불시위는 정치적·사회적 변혁의 의미를 담은 '혁명'으로 이해될 수 있는가?

2017년 봄의 대선과 2020년 봄의 총선에서 압도적 승리를 거둔 더불어민주당의 문재인 정부는 촛불시위를 촛불혁명으로 정의하고, 그 시각을 통해 한국 민주주의를 재정의했다. 우리는 그로부터 한국 정치에서도 어떤 포퓰리즘 현상이 등장했음을 목도할 수 있었다.

세계의 정치학자들은 오늘날 세계 여러 나라로 확산된 포퓰리즘을 대의제 민주주의에 기생하는 현상으로 본다. 정치학자들은 이를 '운동으로서의 포퓰리즘'과 국가권력의 내부에서 그 효능을 창출하는 '통치권력으로서의 포퓰리즘', 두 유형으로 구분하기도 한다.[4]

전자의 경우, 즉 포퓰리즘 운동은 2000년 총선시민연대의 낙천·낙선운동부터 이후 여러 차례 일어난 촛불시위가 그 전형적인 사례라 할 수 있다. 한편 문재인 정부는 통치권력으로서의 포퓰리즘 현상의 대표적 사례로 볼 수 있다. 보수적 정치 질서를 깨고, 변혁적이고 도덕적이고 민족주의적인 체제 재편을 내걸었던 적폐 청산과 역사 청산은 이를 잘 보여 준다. 그것은 과거의 유산과 잔재를 전면적으로 부정한다는 점에서 혁명적이다. 현실적으

4　Nadia Urbinati(2017), "Populism and the Principle of Majority", In Cristobal Rovira Kaltwasser et al.(Eds), *The Oxford Handbook of Populism* (p.572), Oxford University Press.

로는 그저 레토릭이었다 하더라도 그러한 청산 운동의 정신만큼은 분명히 혁명적이다.

앞에서 필자는 한국 민주주의가 안고 있는 이율배반적인 두 명제에 대해 말했다. 군사 안보적 역할을 극대화하면 민주주의가 희생될 것이고, 반대로 민주주의에 치중하면 군사 안보적 역할은 약화될 것이다. 이 이율배반성은 한국의 보수와 진보의 시원적 명제다.

아리스토텔레스의 이성이란 말은 한국 민주화가 안고 있는 모순적 명제를 풀어 나가는 데 큰 지침이 된다. 그가 온건하고 균형적인 실천적 이성phronesis을 이론적 이성episteme과 구분하는 데는 이유가 있다.

역사 청산, 과거 청산을 모토로 삼은 변혁적 개혁정책에 대해 왜 비판적으로 말하는가? 그것은 전후 한국이 분단국가가 되고, 한국전쟁이 일어나고, 서구에서 냉전이 해체되었음에도 동북아 한반도에서는 냉전 시기의 적대관계가 여전히 존속한다는 사실과 직결되기 때문이다.

나아가 한국 민주화와 민주주의에 미치는 영향에 대한 부정적 이해 방식과 역할에 대한 부정적 의미 때문이다. 문재인 정부의 과거 청산과 역사 청산을 앞세운 개혁정책은 정치의 양극화를 불러오고, 자유주의적 민주주의 원리와 충돌하는 최대정의적

maximalist 행동 양식을 촉진하기 때문이다.

카스 무데Cas Mudde와 칼트바서Cristobal Rovira Kaltwasser가 말하는 포퓰리즘은 중심이 얇은 이데올로기로 순수한 민중과 부패한 엘리트를 대립시킨다. 또한 그것은 정치철학적으로 루소로부터 영감을 받았는데, 특히 루소의 '일반의지/의사volonté général / general will'를 포퓰리즘의 철학적 근간으로 삼았다. 그러나 그것은 많은 부분에서 루소를 오해하였다. 개개인이 일반의지를 대표하거나 분점할 수 없다. 그것은 공동체의 시민 전체가 다수결로 총의를 결정하는 것을 통해 공유하는 공동 의지이기 때문이다.

정치 엘리트 내지 정치계급이라 부를 수 있는, 기득이익의 대변자를 민중/인민people과 대립시키는 구도는 포퓰리즘의 골간을 이루며, 직접민주주의의 이론적 기반이기도 하다. 직접민주주의의 중심에 위치시키는 것을 통해, 자유주의적이고 다원주의적 대의제에 기초한 민주주의를 비판적으로 이해하는 민중주의적 민주주의를 이론적 기초로 삼는다. 그것은 자주 다원주의적이고 자유주의적인 대의민주주의에 대응하는 직접민주주의의 이론적 근거로 이해되기도 한다. 민주주의에 대한 이러한 민중주의적 이해는, 문재인 정부 시기에 시민사회의 개혁파 지식인들 사이에서 직접민주주의에 대한 관심을 증폭시켰다.

《선거는 민주적인가》의 저자 버나드 마넹Bernard Manin은 민주주의의 제도적 근간인 선거는 그 자체가 "엘리티즘적이고 귀족주의적"이라고 말한다. 쉐보르스키 Adam Przeworski는 민주주의 이론에 관한 그의 저서에서 "민주주의라고 말하는 인민 스스로의 정부는 넘어설 수 없는 한계를 갖는다"라는 점을 강조한다. 모든 사람이 통치할 수 없기에 선거를 통해 대표를 선출하여 그들로 하여금 통치하도록 하지 않으면 안 된다는 점 때문이다.

풀어 말하면, 민주주의하에서 모든 사람이 평등한 투표권을 가지고 한 표를 행사할 수 있다 하더라도, 모든 사람이 평등하게 대표가 될 수는 없다. 그렇기 때문에 선거를 통해 대표를 선출하는 것이 필요하고, 나아가 사회를 구성하는 계급적·계층적·기능적 차이를 갖는 시민들을 대표하기 위해 정당이 필요한 것이다.

그러나 이러한 자유주의적 대의민주주의관과 대표적인 운동권 정치 엘리트 및 운동권 민주주의 이론가, 지식인들이 폭넓게 공유하는 포퓰리즘적 민주주의관은 민주화와 민주주의를 이해하는 데 있어 커다란 차이가 있다. 관념적으로 또는 낭만적으로 민주주의를 이상화하여, 모든 좋은 것을 다 포괄하는 '운동론적 민주주의관'은, 그 자체가 민주주의가 어떤 것인지 이해하기 전에 운동을 통한 민주화가 선행한 것의 결과물이라 할 수 있다.

5. 한국 민주주의에 충격을 가한 세 가지 변화: 캠프정치, 팬덤정치, '청와대 정부'로의 발전

1) 캠프정치

민주주의의 공고화에 대해 말할 수 있게 된 것은, 김영삼·김대중 정부가 끝나고 젊은 민주화 운동 세대들이 정치 주역으로 등장하기 시작하던 때다. 정치 영역에서의 세대교체는 한국 민주주의에 뚜렷한 변화를 만들어 냈다.

민주화 이후 시기에 정당의 역할과 구조는 오랜 민주화 투쟁을 이끌었던 리더가 중심이고 지역에 기반을 둔 것이었다. 그것은 또한 보수와 진보로 구분할 수 있는 이념적 차이와 더불어 안정적인 정치적 지지 기반의 역할을 했다. 정당 운영을 위해 '가신'으로 불리는, 리더를 떠받치는 뚜렷한 인적 집단이 존재했다. 이런 구조 하에서 대선과 총선은 이들이 관장했다.

그러나 이러한 정당정치는 노무현과 이명박 정부 시기에 대통령의 사적 네트워크를 중심으로 하는 별도의 선거캠프로 점차 전환되기에 이르렀다. 이 캠프 인사들이 선거 승리 후 대통령실과 당, 정부의 주요 포스트로 진입해 국정 관리의 중심적 역할을 하는 경우가 많아진 것이다. 이런 캠프정치의 발전은 한국을 대표하는 두 정당의 허약함을 반영하는 현상으로 중요한 변화를 불러왔다.

윤석열 정부의 사례는 대통령의 '개성적' 요인과 만나 캠프정치의 일반적 문제점이 극대화된 경우이다. 정책과 가치, 능력에 따른 충원보다 학연 등 사적 인연에 의존하는 구조로 인해 부정적 결과를 피할 수 없었다. 당과 행정부의 자율성과 독립성을 훼손하는 부정적 결과를 야기했던 것이다.

결국, 한편으로 지지층의 즉자적 이익이나 포퓰리즘에 취약해졌고, 다른 한편으로 국가적 이익이 되는 정책을 장기적 시야에서 추진하기 어렵게 되었다. 그리하여 정책 결정은 목소리가 큰 지지층에 즉자적으로 대응하는 엘리트들의 여론정치가 주도하는 결과를 쉽게 만들어 냈다.

2) 팬덤정치

한국 정치의 또 다른 특징은 팬덤정치이다. 과거 한국 정당들은 엘리트 중심의 간부정당(3김 정치)에 가까웠다. 그런데 이념적 양극화가 진행되면서 정당 역학에서 힘의 역전이 발생했다. 당을 움직이는 힘이 엘리트에서 열성 지지자와 열성 당원에게로 이동했다.[5] 유력 정당의 사회적 기반과 당원 구조의 허약함은 노무현 정부 이후 전개된 정당개혁의 효과로 정치적 발언권이 엘리트에서 기층으로 이동하여 권력 분산과 분점이 가능해진 결과이다.

인터넷을 넘어 소셜미디어나 유튜브를 통한 정치가 열리면서 과거 총재 1인에게 집중되었던 당권은 열성 지지층과 그들과 긴밀하게 교감하고 지도하는 채널로 이동했다. 그리하여 유튜브 시대 정당정치는 이념적으로 더욱 동질화되고 더욱 전투적으로 변모하기에 이르렀다. 특히 열성 지지층의 집단행동(문자폭탄, 댓글, 좌표 찍기 등) 능력과 수단은 선출직 엘리트에 비할 수 없이 강력해졌다. 그 결과 유력 정당은 원 보이스 조직으로 탈바꿈했다. 앞선 시기와는 당의 행동 양식이 달라졌다. 이전 시기부터 있었던 당의 소장파, 비주류, 중도파 등도 설 자리를 잃었다.

3) '청와대 정부'로의 발전

청와대 정부라고 말할 수 있는 현상은, '박사모'와 같은 극렬 지지자를 앞세워 국민동원 정치를 시도했던 박근혜 정부에서 그 시작을 발견할 수 있다.[6] 그러나 더 강한 청와대 정부를 만들고, 제도 밖의 포퓰리즘 운동과 연동하는 국가권력 내부로부터의 포

5　팬덤정치를 주제로 한 훌륭한 책으로 박상훈(2023), 《혐오하는 민주주의》, 후마니타스 참조.

6　'청와대 정부'는 박상훈의 저서 《청와대 정부》(2018)에서 따온 말이다.

퓰리즘populism as a within-state power 현상은 문재인 정부 시절에 시작되었다고 할 수 있다.

국민투표, 국민발안, 국민소환, 국민청원, 국민공론, 국민참여 예산 등의 문재인 정부가 내건 포퓰리즘 정책들은 국제적 차원에서 비교해 보더라도 세계적으로 주목할 유형으로 인정받을 만큼 과격하다. 무엇보다 민주당-문재인 정부는 민주주의 그 자체를 새롭게 정의한다. 그것은 '최대정의적 민주주의maximalist definition of democracy'라고 특징지을 수 있다.

청와대 정부의 핵심은 통치구조를 표현하는 정부구조에 있어 대통령과 의회는 행정부와 입법부를 구분하여 역할과 권력을 분점하면서 상호 간 견제와 균형을 통해 이중 대표 체계로 작동한다. 반드시 그런 것은 아니지만, 대통령이 아웃풋 역할을 한다면, 의회는 정당을 채널로 하여 사회로부터의 지지와 정책 인풋을 형성하는 것을 주 임무로 하는 정부의 두 중심 기구 중 하나다.

그러나 한국에서는 강력한 국가를 운영하고 관장하는 역할로 인해 또한 권위주의로부터 전수된 위임민주주의delegative democracy 내지 국민투표적 대통령주의 전통으로 인해 대통령은 구체제하에서는 물론 민주주의하에서도 의회 권력보다 우위에 있었다.[7]

---

7 Guillermo O'Donnell, "Delegative Democracy", In Larry Diamond & Marc

정당과 의회 권력은, 대통령의 권력에 비해 약하다 하더라도 일정하게 균형을 이루었다.

이런 현상은 이후 대통령에게로 권력 집중이 확대 강화되기 시작하면서 뚜렷이 변화했다. 특히 문재인 정부는 앞선 어떤 정권보다 강력하고 확대된 청와대 정부를 내적으로 발전시켰고, 외적으로도 강력한 지지 기반을 갖추었다.8 그 결과 "정부 내부로부터의 포퓰리즘"이라 할 만한 대통령의 권력과 권한을 확대하는 변화를 만들어 냈다. 윤석열 정부의 출현은 그것의 결과물일 뿐만 아니라, 그 붕괴에 이르기까지, 문재인 정부의 문자 그대로 변혁적/혁명적 개혁정책의 실패가 불러온 직접적 결과물이라 할 수 있다.

6. 과거와의 전쟁과 한국 민주주의의 몰락

민주당–문재인 정부의 실패가 급진개혁 정부의 과거 청산과 역사 청산의 산물이자, 그것을 떠받쳤던 포퓰리즘적·최대정의적 민주주의관이 낳은 정책적 결과물이라 하더라도, 그것은 나름의 다이너미즘과 열정이 있었다.

F. Plattner(Eds.), *op. cit.*, pp.94~110.

8   박상훈, 앞의 책, 175~199쪽.

반면 탄핵으로 귀결된 박근혜 정부의 실패는 보수진영의 정치적 해체와 쇠락을 불러왔다. 여기서는 운동권이 주축이 되어 이끌었던, 변혁적 민족주의와 포퓰리스트 민주주의관이 동반했던 에너지와 열정, 그 어떤 것도 발견할 수 없었다. 탄핵으로 끝난 박근혜 정부의 실패는 한국 보수진영의 해체와 쇠락으로 이어졌다. 그리하여 지난날 냉전시대 이래 국가에 의지해 왔던 보수세력의 지지 기반은 해체되었다. 그 결과 보수세력은 국가로부터 떨어져 나온 극우 섹터로 명맥을 유지하기에 이르렀다.

이 과정에서 특기할 만한 것은, 냉전 반공주의가 탈냉전시대에 그 효능을 상실했을 때, 냉전 반공주의 또는 냉전 자유주의를 재해석 또는 대체하거나, 그것을 넘어설 수 있는 어떤 대안적 이념을 발전시키려는 진지한 지적·정치적 노력을 하지 않았거나 못했다는 사실이다. 요컨대 냉전시대가 지났을 때, 한국 보수세력이 자신들의 문제에 대한 그 어떤 열정적인 관심이나 노력을 보여 주지 못했다. 필자는 그 무기력증에 놀라게 된다.

한국의 보수정당, 윤석열 보수정권이 그 이념 또는 담론의 중요성을 모르는 것은 아니었다. 12·3 비상계엄 사태 때 대통령은 '자유 민주주의', '자유 대한민국', '자유 헌정 질서' 등의 이념과 담론을 중심 언어로 제시했다. 그러나 그 언어로 자유주의라는 단어를 사용한 것이었을 뿐, 그 내용은 오늘날 한국의 정치 현실에 맞게 잘 정의된 것은 아니었다. 과거 냉전 반공주의의 공식 이념과 차이를 구분할 수 없는 수사修辭에 가까웠다. 그 말은 오히려 냉전 반공시대의 보수를 대변하는 시대착오적인 말에 가까웠다.

요컨대 보수든 진보든, 오늘날 한국 정치에서 민주주의를 이끌어 갈 이념의 공간은 사실상 비어 있다. 그것은 남겨진 상태로 있다. 한국 민주주의를 이끌어 갈 가치, 이념, 열정의 부재가 만들어 내는 아노미 상태에서 그 지향점을 발견할 수 없는 것은 말할 것도 없다. 그리하여 지금 우리 한국 정치는 방향 감각과 그 지향점을 찾지 못한 상태로 남겨져 있다.

우리가 만나는 현실은 정치적 양극화를 통해 불러들여진 이념적 양극화이다. 박근혜 보수정부에서나 문재인 급진개혁 정부에서나, 앞선 정부를 징치할 목적이 그들의 정치 이데올로기를 대표하는 개혁정책의 동인으로 작용했다. 보수면 보수, 진보면 진보의 이데올로기화가 확대 증폭되었다. 이 문제는 한국 민주주의 전개 과정에서 정치 이데올로기 급진화의 동인을 발견할 수 있도록 한다. 그것의 특징이 있다면, 정치 현실과는 무관하게 이데올로기 영역과 그 지형에서 그것 자체가 정치체제의 동적 다이너미즘을 만들어 내면서, 사실상 자율성을 갖는다는 점이다.

한국의 대표적인 두 정당이 현실에서는 차이가 없다는 점에 대해서는 이 글의 모두에서 언급했다. '강남좌파'라는 말로 표현되든, "죽창 들고 나가자"라고 투쟁을 독려하든, 그것은 중산층 진보주의를 표방하는 정서적 급진주의에 가깝다. 이는 정당 간 정치 경쟁을 독립투쟁으로 대비시키면서 투쟁의 강도를 극대화하는 표현이다. 그것은 사회경제적 영역에서 차이가 별로 없음에도, 상대 진영을 가장 적대적인 방식으로 설정하는 것을 의미한다. 그것은 보수, 진보 할 것 없이 정서적 급진주의가 추동하는 정치적 행위를 만들어 내는 동력이기도 하다.

이 문제는 문재인 정부의 역사 청산을 모토로 한 개혁이 오늘날 윤석열 대통령의 쿠데타를 설명할 수 있는 인과성을 만들어 내는 요소로 작용한 것에서도 나타난다. 문재인 정부 시기에 친일파 청산을 부르짖고, 냉전을 비판하는 변혁적/급진적 민족주의의 한 구현으로서 대북 유화정책과 그와 병행하는 데탕트를 추진했던 것과, 윤석열 대통령이 "종북 세력 척결, 헌정 수호"를 내걸고, 군을 불러내는 비상계엄을 선포한 행위는, 한국 사회에서 극단의 대척점에 서 있는 두 이데올로기의 자기표상으로 보이기 때문이다.

덩크와트 러스토우는 1980년대 민주화 이론을 여는 개척적인 연구라고 평가받는 한 논문에서 민주화를 위해서는 아무런 선결 조건이 필요하지 않다고 말했다.[9] 그러나 단 한 가지 예외가 있는데, 그것은 사회 구성원들이 자연스럽게 자신의 정치 공동체 안에서 국민적 일체감을 형성하는 것이라고 말했다. 12·3 비상계엄 사태를 지켜보면서 우리는 지난 1980년대 말 민주화의 모범 사례로서 세계에 알려졌던 한국의 민주주의가 쉽게 설명하기 어려운, 대통령의 쿠데타를 만들어 냈다는 사실에 놀란 바 있다. 한국에서 민주주의를 위협하는 것은, 바로 당연하게 받아들여야 할 국민국가로서의 일체성이 안정적이지 못하고, 그것이 심각한 정치적 균열의 원천이 된다는 사실이다.

냉전이 끝나고 탈냉전으로 접어든 지도 한 세대가 지났다. 헌법 전문에서도 나오는 3·1절로부터 시작된 건국의 기원은 100년도 더 지난 일이다. 하지만 일제강점기의 독립투쟁, 냉전시대의 분단국가 건설, 한국전쟁으로 이어진 역사는 정치 갈등을 민족문제를 둘러싼 갈등으로 치환하는 중심적 자원으로 작용하고 있다. 그것은 사회경제적 갈등이나 균열과는 비할 수 없이 강력한 정치적·사회적 균열의 원천으로서의 역할을 하는 것이다. 요컨대 한국 사회는 지금 과거와 싸우고 있다. 그로부터 시작되는 정치적 균열의 지속은, 프랑스의 장기지속longue durée 역사학파 학자들이 역사를 이해하는 방식을 뒷받침하는 것이다.

---

9 Dankwart A. Rustow(1970), "Transitions to Democracy: Toward a Dynamic Model", *Comparative Politics*, 2(3), pp. 337~363.

7. 결론: 양당제를 넘어 다원 민주주의를 위하여

필자는 앞에서 한국에 민주화를 가져온 87년 체제의 생성과 구조 변화를 통해 그 체제를 마감하는 현직 대통령의 쿠데타를 되돌아보았다. 12·3 비상계엄 사태가 어떤 형태로 귀결될 것이냐는 문제는 크게 열려 있다.

오늘의 한국 정치는 민주주의를 운영하는 중심 역할을 수행해야 할 정당은 존재하지 않고, 정당이 기능하는 장으로서의 의회도 당연히 존재하지 않는다. 지금 우리는 정당정치의 붕괴를 목도하고 있다. 그것이 과거 군부 권위주의보다 얼마나 더 나을 것인지 걱정하면서 대통령중심제의 새로운 미래가 열리는 것이 아닌가 하는 두려움으로 지켜보고 있다. 지금과 같다면 선거가 과연 민주주의를 위한 기제가 될 수 있을지 회의가 든다.

과거 87년 체제가 막 작동하기 시작했던 민주화 초기의 '3김 시대'가 그리울 정도다. 당시에는 민주화, 세계화, 호남의 정치 안정이 이루어졌고, 자본·노동소득분배율도 좋았다. 이후 퇴행을 거듭하여 오늘의 87년 체제는 파국을 눈앞에 두고 있다. 386 엘리트들이 주도한 노무현·문재인 진보정부는 친일파 척결과 적폐 청산에 열중했다. 박근혜·윤석열 보수정부는 이를 개방적으로 확장하지 못했다. 한국 사회는 과거와 싸우는 데 열중했고,

지금도 그러하다.

87년 체제는 사회경제적으로 변형되었다. 수도권 집중은 심화되었고, 노무현·문재인 정부까지 그 심화를 지속시켰다. 그리하여 한국의 정당정치는 수도권의 교육받은 중산층에 맞추어졌다. 정당정치와 의회정치는 어디론가 사라지고, 그 자리에 이념 갈등만 있는 것이 오늘날 한국 민주주의의 현실이다.

이 과정은 정치인들만의 책임이 아니다. 이 과정에 참여한 필자를 포함한 교수들도 책임에서 벗어날 수 없다. 이념은 상극적이고, 그것을 대표하는 정치는 최대정의를 추구하는 진영으로 나뉘어 마치 정치 목적이 적을 섬멸하려는 데 있는 듯이 보이는 것이 오늘의 한국 정치이다.

권력은 나뉘어야 하고, 대통령비서실의 규모는 획기적으로 줄여야 한다. 캠프정치, 팬덤정치처럼 최고 권력자를 위한 정치를 해서는 안 된다고 생각한다. 직접민주주의를 동원해 국회도 정당도 지배하려 해서는 안 된다.

지금 한국 정치의 중심에는 양당제가 있다. 진보와 보수로 나뉘어 결사 항전을 하는 듯한 정치와 일원주의적 가치, 이념, 열정을 불태우는 양당제가 우리의 현실이다. 이를 극복하고 다원주의적 민주주의를 발전시켜야 한다고 믿는다.

참고문헌

마넹, 버나드(2004), 《선거는 민주적인가》, 곽준혁(역), 후마니타스.

무데, 카스 · 크리스토발 로비라 칼트바서(2018), 《포퓰리즘》, 이재만
    (역), 교유서가.

박상훈(2023), 《혐오하는 민주주의》, 후마니타스.

_____(2018), 《청와대 정부》, 후마니타스.

O'Donnell, Guillermo(1996), "Delegative Democracy", In Larry
    Diamond & Marc F. Plattner(Eds.), *Global Resurgence of
    Democracy* (pp.94~110), Johns Hopkins University Press.

Rustow, Dankwart A.(1970), "Transitions to Democracy: Toward
    a Dynamic Model", *Comparative Politics*, 2(3), pp.337~363.

Schmitter, Philippe C.(2009), "Juan Linz: An Intellectual and
    Personal Biography of the 'Maestro-Compositore'", In D.
    Campus & G. Pasquino(Eds.), *Masters of Political Science*
    (p.129), The ECPR Press.

_____(1996), "Dangers and Dilemmas of Democracy", In Larry
    Diamond & Marc F. Plattner(Eds.), *Global Resurgence of
    Democracy* (pp.76~108), Johns Hopkins University Press.

Urbinati, Nadia(2017), "Populism and the Principle of Majority",
    In Cristobal Rovira Kaltwasser et al.(Eds), *The Oxford
    Handbook of Populism* (p.572), Oxford University Press.

한국 민주주의의 미래를 찾다

최장집

1. 87년 체제를 넘어

1) 87년 체제가 왜 작동하지 않게 됐나?

이 책의 1장은 강원택 교수의 글로, 민주화 이후 대통령 권력과
의회 권력, 진보·보수 양당 간의 세력 변화에 초점을 맞추었다.
87년 체제의 붕괴는 바로 대통령 권력과 의회 권력 간의 극단적
인 불균형이 불러온 집행부 권력과 의회 권력 간의 교착상태
deadlock의 결과물이라고 이해하고 있다. 이러한 힘의 불균형이
여소야대의 극단적 불균형 상황을 만들어 냄으로써 여야 간 갈
등이 확대 심화되어 왔다는 것이다.

이러한 극단적인 불균형은 레비츠키Steven Levitsky와 지블랫 Daniel Ziblatt의 유명한 저서《어떻게 민주주의는 무너지는가》의 중심 주제인 대통령 권력과 의회 권력 간의 제도적 상호 존중과 그것을 실현하는 행위규범의 부재 내지 약화를 만들어 내고, 그 것은 곧 민주주의의 위기로 이어진다는 것이다.

강원택 교수는 이러한 현상은 곧 오늘날 한국 민주주의의 위 기를 설명하는 데도 논리적 정합성을 갖는다고 생각한다. 논평 자 역시 강 교수의 글은 한국 정치의 위기를 설명하고, 개혁의 필 요성을 제기하는 데, 폭넓은 공감대를 형성할 수 있다고 생각한 다. 그럼에도 논평자는 몇 가지 의문점이 있다.

현상적으로 대통령중심제하에서 집행부/행정부의 수장인 대 통령과 의석의 다수를 점하는 야당이 주도하는 의회 권력이 상 극적 갈등관계에 있어야 할 이유는 없다. 한국에서도 민주화 직 후 노태우 정부와 김영삼·김대중 정부 시기에 정부 여당이 소수 당이었다. 그 소수당은 3당합당이라든가, 의원 빼오기, DJP 연합 등의 방식으로 국회 다수당을 만든 적이 있다. 민주주의는 여야 가 상호 경쟁할 뿐만 아니라 필요에 따라 협력해야 하기 때문에 경쟁과 협력 없이는 작동할 수 없다.

정치 없는 민주주의는 작동할 수 없는 민주주의일 뿐이다. 오늘 날 한국 사회 문제의 핵심, 87년 체제의 위기를 몰고 온 것은, 정치의 부재 속에서 경쟁과 갈등이 증폭되어 왔다는 사실이다. 87년 체제를 붕괴시킨 것은, 사실상 경쟁하는 정당들 간의 갈등과, 체제를 작동시키기 위한 경쟁과 병행하는 협력이 부재한 결과다.

구정치인들은 그들이 운영했던 정부, 그들이 운영했던 민주주의가 정치적으로 필요할 때면 타협과 협력을 마다하지 않았다. 당 대 당 정권교체도 이루어질 수 있었고, 집행부와 입법부 간 쟁점들을 기존의 제도와 상식이 허용하는 행위양식을 통해 정치에서 다루는 데 큰 문제가 없었다. 그런데 왜 이후 시기로 오면서 진보와 보수 간, 여야 간 갈등이 정치적 방식으로 타결될 수 없었는지 생각해 보는 것이 필요하다.

강원택 교수의 글은, 대통령과 의회 간 힘의 균형이 어떻게 유지되고 깨질 수 있는가에 대해 양대 민주정부의 제도 간 힘의 균형을 중심으로 말했다. 그런데 그 객관적 수의 균형을 중심으로 말한 것에는 설명에 한계가 있다고 생각한다. 논평자는 한국에는 운동에 의한 민주화 유산의 영향이 있다고 생각한다. 운동권이 한국 민주주의를 주도했을 때, 그들이 민주주의를 이해하고 정치 행위를 이해하는 방식은, 정치적 타협, 협력, 공존을 뛰어넘어 '최대정의적 민주주의관'이랄까, '운동론적 민주주의관'이랄까 하는 것이었다. 그 영향력이 오늘날 한국 정치의 위기를 만들어 낸 여러 요인들 중 하나라고 본다.

강원택 교수가 대통령중심제를 벗어나는 이론적 배경으로 제시한 학자는 민주화 이론을 본격적으로 개척한 후앙 린츠Juan Linz이다. 논평자 역시 강 교수와 마찬가지로 후앙 린츠의 이론에 공감하는 바가 크다. 린츠의 관점에서 대통령제의 패러독스를 보면 이런 것이다.

대통령제 헌법은 모순적 원리와 가정을 결합한 것이다. ① 국민투표제/총선거의 강력한 정당성과 인민/국민의 아이디어, 루소적 의미에서의 국민 총의를 통해 강력하고 안정적인 집행부를 만들 수 있다. ② 그렇지만 그것과 반대되는 권력의 사유화를 우려한다. 헌법은 감시·감독하는 여러 장치들을 제도화한다.

린츠는 이를 근본적 모순이라고 말한다. 강력하고 안정적인 집행부 권력이 특징이라면, 다른 한편으로 대통령 권력에 대한 잠재적 의심을 부정할 수 없다. 대통령제가 권위에 대한 요구와 필요를 말한다면, 의회중심제는 정치 과정에 대한 유연성을 말할 수 있다. 대통령제는 경직성과 예견성을 특징으로 한다고 하지만, 그와 달리 불가예측성도 특징이다.

① 대통령제는 승자독식의 제로섬게임이다. 승자와 패자가 확실히 구분된다. 의회중심제는 '연합적·협의체적 민주주의con-sociational democracy'가 특징이다. 그러나 대통령제는 국가의 수장이자 전체 국민의 대표를 뽑는 것이 장점이지만, 실은 대통령은 분

명히 당파적·정치적 선택의 결과이다.

② 의회중심제 각료와 대통령제 각료는 근본적으로 다르다. 대통령중심제의 각료는 전체적 정부정책 부서의 장일 뿐이다. 민주주의는 근본적으로 시간적으로 잠정적인 제한성 pro tempore을 특징으로 갖는 체제이다. 그러나 대통령제와 의회중심제는, 타협·협상·권력분점 모두에서 크게 다르다.

이중의 민주적 정당성 dual democratic legitimacy 문제는 집행부와 입법부 중 어느 것이 인민/국민의 의지를 대표하는가를 둘러싼 갈등을 해결할 수 있는 어떠한 민주주의 원리나 원칙이 존재하지 않는다는 것이다.

의회중심제와 정치적 안정성의 문제는 대통령제가 워싱턴이나 링컨과 같은 지도자들의 출현을 보장할 수 없듯이, 의회중심제도 아데나워나 처칠 같은 인물을 만들어 내기 어렵다는 것이다.

12·3 비상계엄 사태로 야기된 한국 정치 상황이 개헌 문제를 제기한다는 점은 부정할 수 없다. 그러나 어떤 대안적 체제를 만들어 낼 수 있을지가 의문으로 남는다.

한국의 사례, 한국 유권자 시민들이 양극화되었나? 과연 그런가? 그것은 팬덤정치의 출현 내지 이데올로기 양극화의 결과물이 아닌가?

강 교수의 글은 위기를 설명하는 방식에서 설득력이 좀 약하다고 생각한다. 원인이 다를 수 있기 때문이다. 논평자는 단순히 정당 지지/정치적 기반의 차이가 심화될 때 정치의 제도적 작동이 불능 상태에 놓이는지 의문이다. 미국 트럼프 정부 1기를 설명하기 위해 미국 정치사의 위기를 역사적으로 분석한 책 한 권이 이 질문과 관련될 수 있다고 생각하기에 여기서 언급한다.[1]

메틀러Suzanne Mettler와 리버먼Robert C. Lieberman, 미국의 두 정치학자는, 위기에 처한 미국 민주주의를 진단하기 위해 네 요인이랄까, 변수를 통해 18세기 말 이후부터 현재에 이르기까지 220~230년간의 미국 정당정치 역사를 살펴본다. 그 변수들은 ① 정당 간 갈등이 만들어 내는 양극화, ② 인종 문제가 중심에 있는 시민권을 둘러싼 갈등, ③ 경제적 불평등의 심화, ④ 집행부 권력의 확대 강화 등이다. 이 네 요인을 통해 미국 민주주의의 위기를 진단한다. 이 문제들이 어떤 정치적·사회환경적 조건에서 제기되었고, 미국 정치가 그 문제에 어떻게 대응했는지를 답하려 한다.

논평자가 관심을 갖는 것은 한국에서는 정당 간 갈등과 제도

1 Suzanne Mettler & Robert C. Lieberman(2020), *Four Threats: The Recurring Crises of American Democracy*, New York: St. Martin's Press.

문제가 한국 정치 위기에 관한 논의의 중심에 위치하는데, 미국 정치학자들은 정당정치 문제만이 아니라 사회경제적 문제를 동시에 위기의 변수로 생각한다는 점이다. 또한 이 책의 저자들이 정치 위기를 불러오는 원인을 하나나 둘이 아니라, 4개 변수(양극화, 인종/시민권, 경제불평등 심화, 집행부 권력 확대)를 들어 설명하는 것도 인상적이다.

　　강원택 교수는 글에서 강력한 대통령과 승자독식 대통령중심제가 문제의 중심에 있다고 말하면서, 야당이 국회 다수당일 때 의회도 강하다고 생각한다. 그것들을 87년 체제의 붕괴 원인이라고 하는데 '정말 그러한가?'라는 질문을 제기해 볼 수 있겠다.

2) 한국과 미국 정치 양극화의 실체와 근원

정치의 양극화는 포퓰리즘의 한 표현이다. 민주화 이후 한국 정당은 사회적 기반이 약한 것이 특징이다. 직업적·직능적·기능적·사회경제적으로 대표 기능이 매우 약하다. 이는 그 빈 공간을 지역적 기반이 보완하는 현상과 짝지어져 있다.

　　이러한 정치적·사회적 조건과 환경하에서 양극화라는 말이 한국 정치의 전면으로 떠오르면서 한국 정치의 가장 중심적인 언어로 등장하기 시작했다. 양극화라는 말은, 이미 한국 정치와 그것이 동반한 위기를 반영하는 것으로, 아마도 촛불시위와 박근혜 대통령의 탄핵, 그 뒤를 이은 문재인 정부의 등장과 궤를 같이하는 것으로 이해할 수 있을 것이다. 그로부터 위기는 일상화되었고, 그 결과가 국민의힘-윤석열 보수정부의 등장으로 표현되기에 이르렀다.

이러한 위기의 일상화 과정은, 급기야 2024년 12월 3일 대통령에 의한 계엄령 선포로 이어지고, 지금 우리가 그 위기 극복의 방안으로 개헌 문제를 논의하기에 이른 것이다. 여기서 우리가 논하는 한국 정치와 한국 사회가 보여 주는 위기의 표현으로서의 양극화란 무엇을 두고 하는 말인가? 그리고 그 실체는 무엇인가? 생각해 보면 흥미로운 것은, 이 양극화가 빚어내는 위기의 실체는 무엇이고, 근원은 무엇이냐는 것이다.

한국의 정치 위기와 미국의 정치 위기가 거의 동시적으로 전개되고 있다는 사실도 관심의 대상이 될 수 있다. 미국 정치의 양극화, 그것을 표현하는 '문화전쟁' 과정의 실체를 살펴보는 것 또한 관심의 대상이 될 수 있다.

이러한 맥락에서 미국정치학을 전공한 서정건 교수가 한국 민주주의와 개헌 문제를 주제로 쓴 2장의 글은 관심의 대상이 된다. 우리가 미국과 한국을 대비시켜 볼 수 있는 시야를 가질 수 있다는 점에서 큰 의미가 있다.

서정건 교수가 미국의 문화전쟁과 양극화 문제를 고찰하기 위해 스탠퍼드대의 모리스 피오리나Morris Fiorina가 쓴 중요한 저작 《문화전쟁: 미국 양극화의 신화Culture War? The Myth of a polarized America》(2004)를 보는 것으로부터 한국 문제를 접근하는 방식은 중요하고 필요하다.

피오리나의 주장은, 문화전쟁으로 표현되는 이데올로기적 양극화는 진보와 보수의 전통적 의미의 이념, 정책과 무관하게 상대 진영에 대한 감정적이고 배타적인 혐오감을 불러오는 정서적 양극화로 변질된다는 것이다. 그것은 사람들 사이에 문화적 차이가 있어 만들어지는 것이 아니라, 미디어 환경(유튜브, 소셜 미디어)이 주요 변인이라고 한다.

적색주 대 청색주red state vs. blue state[2]의 구분은 주들 간에 문화적 차이 때문이 아니라, 인위적으로 만들어진 것에 불과하다는 것이다. 알고리듬에 기반한 확증편향적 정보 재생산이 양극화를 부추긴다는 주장이다.

미국정치학을 전공한 서정건 교수의 글이 미국 정치를 이해하는 방식으로, 한국 정치와 오늘의 한국 정치 위기를 설명하는 것

---

2 적색주는 공화당을 지지하는 보수적 성향을 지닌 주들이고, 청색주는 민주당을 지지하는 자유주의적 성향을 지닌 주들이다. 청색주는 주로 동북 지역과 태평양 지역에 집중되어 있다.

은 매우 효과적이다. 미국 정치를 잘 이해할 때, 오늘날 우리가 직면한 한국 정치와 한국 정치 위기를 이해하고, 그에 대응할 수 있는 시야가 넓어지는 것을 실감할 수 있기 때문이다.

피오리나는 정당 양극화가 유권자들 사이에서 발견된다고 말하는 주장에 대해 이견을 제시한다. 그의 연구 결과로부터 알게 되는 것은, 인과관계가 거꾸로 됐다는 사실이다. 일반 시민이 양극화되었기 때문에 정당이 그에 대응하는 것이 아니라, 정당이 양극화를 주도했기 때문에 일반 시민들의 선호와 의사가 양극화되었을 뿐이다. 피오리나의 연구 결과는 오히려 일반 시민 유권자들 사이에서 양극화는 줄어들고 있다는 것이다.

그의 연구 결과는 현재 한국 정치를 이해하는 방법에 커다란 시사점을 준다. 오늘날 한국 사회에서 '수박'이니 뭐니 하면서 정당을 팬덤화하고, 파당적 혐오를 극대화한 결과가 양극화다. 정당 내에서 정당 지도자들과 지도부가 정당을 그렇게 만든 결과로 양극화 현상이 나타나는 것이다. 이 점이 의미하는 것은, 한국 정당이 제 역할을 하지 않고, 자체의 이해관계를 위해 데마고그적 역할을 하고 있다는 것이다. 내부적으로 토론이 없고, 이견도 허용되지 않는 당내 민주주의의 부재가 만들어 낸 정당정치 붕괴의 결과가 양극화이다.

이어서 서정건 교수가 안소니 다운스Anthony Downs와 샤츠슈나이더E. E. Schattschneider의 이론을 불러와 한국 정당정치 문제를 분석한 것도 좋다. 다운스의 '중위 투표자 이론median-voter theorem'은 선거에서 득표 경쟁할 때 양대 정당의 합리적 선택은 중도 성향 정책이므로 양극화는 발생하지 않는다는 것이다. 그러나 다운스 역시 경우에 따라 유권자의 이념적 선호가 이봉二峯(두 봉우리 모양) 분포라면 정당의 반응 역시 양극화될 수 있다는 것을 인정했다. 요컨대 양극화는 쉽게 발생하지 않는다.

그렇다면 다운스 이론을 통해 볼 때 한국은 어떠한가? 한국이 과거에 기초한 이데올로기적 양극화가 투표 행태에서 표현되었는가? 서 교수는 미국의 양당 체제가 작동해 온 역사를 통해 미국 정치학자들, 특히 정당정치 이론가들이 발전시켰던 이론을 통해 이 문제를 점검한다. 이 점에서 다운스에 이어 샤츠슈나이더의 이론도 중요하다고 말한다.

샤츠슈나이더의 관점에서는 정당은 사회 갈등을 창출하지 않는다. 사회에서 창출되는 다양하고 수많은 이익들, 정체성들로 인해 어떤 특정 정당체제가 그것을 반영하거나 대표할 수 없기 때문이다. 그는 정당을 통해 정치 리더들이 권력 유지와 획득을 위해 투쟁하는 과정에서 질서 자체를 창출하는 것이라고 말한다.

서정건 교수는 어디에 오늘의 한국 정치 위기의 근원이 존재하는지 확인이 가능하지 않다고 말한다. 여기서 논평자가 말할 수 있는 것은 이러하다. 한국에서 진보와 보수가 정당 정책으로 차별화될 수 있는가? 포괄정당만 존재하는 상황에서 정당 정책은 차별화될 수 없다고 논평자는 생각하는데, 그것은 틀렸는가?

서 교수는 양극화 해소가 분권화decentralization와 연관이 있다고 말한다. 이 말은 의미 있다. 논평자도 이번 심포지엄에 제출한 논문에서 다원적 정당체제를 대안으로 말했다.

논평자는 트럼프 1기 정부 때 정치평론가 마이클 토마스키의 논설3을 읽은 적이 있다. 그는 미국이 하원 선거에서 소선거구제 대신 의회중심제인 유럽 국가들처럼 비례대표제를 도입하면 소수파 정당이 총선에서 4% 지지를 받아 의회 의석의 4%를 얻을 수 있다고 주장한다. 또한 "미국의 양당제가 어떻게 변할 수 있는가?"라는 흥미로운 질문을 던지며, 그 경우 최소 6개 정당이 생긴다고 말한다.

제도가 큰 차이를 만들어 내는 것은 의심의 여지가 없다. 그러므로 우리는 제도를 결정하기 전에 현재 한국이 처한 정치 위기를 정확히 진단할 필요가 있다.

서정건 교수는 결론에서 대통령중심제를 운영하는 경제 선진

---

3 Michael Tomasky(2018. 12. 7), "If America Had a Parliament", *The New York Times*.

국은 한국과 미국, 두 나라뿐이라고 말한다.

사실 미국은 양당제라고 말하기도 어렵다. 그러나 한국은 문자 그대로 양당제다. 대통령제가 정당 양극화에 미치는 영향은 크다. 그러나 그것이 정당 양극화를 만드는 직접적인 원인인지는 잘 모르겠다. 반대 방향의 영향은 결국 민주주의를 파탄에 이르게 할 수도 있다. 현재 한국 정치의 위기가 그것을 말해 준다.

논평자는 한국 민주주의 문제의 근원을 만들어 내는 것은, '과거와의 전쟁'이라고 생각한다. 한국 현대사를 이해하는 방법은 가장 적대성이 강한 한국 정치의 균열을 만들어 내는 이데올로기로 등장했다. 그것은 민주주의를 이해하는 방식에 있어 '최대정의적' 민주주의 개념 내지 이해 방식과 친화성을 갖는다고 생각하기 때문이다.

3) 87년 체제 헌법개혁의 아웃라인

장영수 교수는 3장에서 삼권분립을 원리로 하는 헌법은 불신의 원칙에 기초했다고 말한다. 국민주권과 대의제를 구현하는 민주주의 정부형태를 만드는 것과 아울러, 정치행위자들의 상호 존중을 전제하는 관용과 공존의 원리를, 민주 헌법을 작동시키는 양대 축이라고 본다.

장 교수는 경쟁관계에 있는 정당 정치인들 사이에서, 그리고 삼권으로 분립된 공직자들 사이에서 상호 존중의 행위윤리와 규범을 민주적 정부의 건강한 작동을 위한 헌법개정의 정신이자, 근간으로 설정한다. 경쟁관계에 있는 정치인들 사이에서, 삼권으로 분립된 민주정부 구성 원리의 실현에 있어, 문제의 중심을 정부 기구의 공적 행위자들의 행위규범에 둔 것이다.

이 점에서 스티븐 레비츠키와 대니얼 지블랫의 유명한 공저 《어떻게 민주주의는 무너지는가》의 중심 주제를 이론적 기반으로 삼은 것으로 이해된다. 대통령은 의회와 야당에 대해, 경쟁 내지 대립관계에 있는 정당 정치인들이 상대를 존중하고 지켜야 할 불문율로서의 행위규범을 중심으로 삼권으로 분립된 권력관계를 상정하기 때문이다.

물론 여기서는 민주주의의 건강한 작동을 위한 가드레일이 잘 유지되어야 하고, 정당은 포퓰리스트 데마고그를 대통령으로 만들지 않도록 게이트키퍼 역할을 해야 하는 문제 등, 민주주의 유지를 위한 조건들을 제시한다. 그럼에도 저자들은 강조점의 중심에 행위규범을 민주주의를 지키는 가장 중요한 조건으로 제시한다.

두 저자가 말하듯이 "헌법상의 견제와 균형은 우리의 기대와 달리 민주주의의 보루로서 기능하지 못한다." 정치인들의 행위규범은 법이나 제도로 다스려지기 어려운 것이 특징이다. 두 저자는 말한다. "민주적 규범의 약화는 극단적인 정치 양극화에 뿌리를 두고 있다. … 민주주의 붕괴의 역사적 사례에 관한 연구로부터 분명히 드러나는 역사적 사실이 있다면, 그건 극단적인 양극화가 민주주의를 무너뜨릴 수 있다는 것이다."

여기서 우리는 미국 헌법의 기초가 되는 "페더럴리스트 페이퍼"(연방주의자 논설문) 51번에서 미국 헌법의 아버지로 불리는 매디슨이 말한 것을 들어 볼 수 있다. "인간에 대해 인간에 의해 운영될 정부를 구성하는 데서 최대의 난점은 여기에 있다. 먼저 정부가 피치자를 통제할 수 있도록 해야 하고, 그다음으로 정부가 그 자체를 통제해야 한다."

전자가 '수직적 책임vertical accountability'을 말한다면, 후자는 '수평적 책임horizontal accountability'을 말한다. 전자는 법과 제도로서 다루어질 수 있지만, 후자의 경우 수평적 책임이 작동하고 효과가 있으려면 정치행위자들의 행위규범으로서 관용의 원리가 정치행위자들 사이에서 존중되고 지켜지는 것이 필요하다.

따라서 삼권분립이 제대로 작동하기 위해서는, 정치인들의 실천윤리라 할 수 있는 정치적 경쟁자 내지 적대자들을 인정하는 정치의 행위윤리가 무엇보다 존중되어야 한다. 그런데 이 문제는 사실 법으로 규율할 수는 없다는 데 그 어려움이 있다고 하겠다.

장영수 교수의 헌법개혁의 아웃라인은 "분권과 협치를 원리로

하여 승자독식을 가능하지 않도록 하는 것"을 정치제도 개혁의 목표로 삼고 있다. 여기서 남는 문제는 어떻게 법과 제도를 통해 경쟁관계에 있는 정당 정치인들 사이에서 관용의 원리와 상호 존중, 공존의 원리를 실현할 수 있느냐는 것이다. 장 교수의 관점에서 이런 문제가 발생하는 것은, 협력을 통해 성공한 대통령을 만들기보다, 실패하도록 만들어 정권을 교체하려는 경향이 강하기 때문이다. 이것이 선의의 경쟁을 불가능하게 만든다는 것이다.

장 교수는 승자독식은 제로섬게임이 아니라 전부 아니면 전무 게임이고, 패자에게 너무 가혹하기 때문에 더욱 치열한 경쟁을 불러오며, 그 결과가 보수궤멸론이 된다고 말한다. 20년집권론처럼 장기집권을 꾀하는 것, 그로 인해 한국 민주주의는 퇴행할 수밖에 없고, 지난 10년 이상 퇴행이 뚜렷해졌다고 진단한다. 그 대안으로 이러한 승자독식 구조를 바꾸는 개헌이 필요하고, 선거제도 개혁이 필요하다고 말한다.

따라서 제도개혁의 핵심은, 삼권분립을 실질화하기 위한 다층적 분권구조를 만드는 것이라고 장 교수는 주장한다. 의회·정부·사법부를 기능적으로 분립시켜, 의회는 상하 양원, 정부는 대통령과 총리, 사법부는 법원과 헌법재판소로 나누어야 한다는 것이다. 그것은 한국 정부형태의 구조적 개혁이라 할 만한 방대한 작업이기 때문에, 그 방법은 점진적 개혁이라고 말한다.

2. 한국 정치 개혁의 길

1) 어떤 개헌, 어떤 정부형태인가?

12·3 비상계엄 사태 이후 제기되고 있는 현재의 개헌 논의는 '제왕적 대통령'의 권력을 제한하기 위한 것이 중심이다. 대표적으로 임기를 5년에서 4년으로 단축하고, 중임제로 하자는 의견이 많다. 대통령중심제 문제를 해결하기 위해 임기를 4년 중임제로 하자는 안도 있다. 그런데 이 경우 대통령 임기가 5년에서 8년으로 늘어나는 결과를 가져와서 정부 여당이 청와대를 완전히 장악해 분쟁만 더 커질 수 있다. 또 다른 한편에서는 대통령 4년 중임제를 취하는 경우, 8년 장기집권의 문제를 해결하기 위해 총선을 2년마다 치러 중간평가를 하는 미국식 선거를 제도화하자는 주장도 있다.

　우리는 개헌 문제와 관련하여 "대통령은 과연 제왕적인가?"라는 질문과 함께, "그런 대안들이 어떤 효과를 만들어 낼 수 있는가?"라고 질문해 볼 수 있다. 12·3 비상계엄 사태의 주요 요인 중 하나는 의회 다수파가 대통령 권력을 견제하면서 행정부 권력과 의회 권력 간의 '교착상태'가 만들어졌기 때문이 아닌가. 이렇게 오늘날 한국 정치 위기의 근본적 원인을 찾아 거슬러 올라가다 보면 "의회 권력도 대통령 권력만큼 강하지 않았나?"라는 질문이 가능할 것이다.

현행헌법에서는 5년 간격으로 대통령 선거가 치러지는 동안 중간선거가 없어, 중간평가가 가능하지 않다는 비판이 있다. 하지만 현재도 지방선거와 총선거가 교차하여 치러지면서 중간선거의 역할을 하고 중간평가의 효과를 발휘하기 때문에 별로 부족함이 없다. 선거 간격이 2년으로 짧아진다고 어떤 장점이 있나? 정당 간에 무슨 차이가 생기나?

더 나아가 이원집정부 안도 생각해 볼 수 있다. 노무현 정부 시기에 총선에서 여당이 의회 다수당이 되었을 때 대통령중심제와 의회중심제를 결합한 절충식 제도를 시도한 사례가 있다. 한편 총리가 사회·경제 정책을 다루고, 국방부 및 외교부 장관 임명권을 갖도록 함으로써, 다원적 권력 운영을 시도한 적도 있었다. 현행헌법(86~89조)을 그렇게 절충식으로 운영한다면, 헌법을 바꾸지 않고서도 이원집정부제라는 새로운 정부형태의 효과를 가질 수도 있을 것이다.

2) 대통령 권한을 줄이는 분권형 개헌의 문제

오늘날 한국 정치의 위기가 발생한 것은 대통령 권력이 강해서 인가? 의회가 탄핵·특검을 남발해서인가?

이번 12·3 비상계엄 사태를 보면, 의회 권력이 결코 약한 것도 아니다. 우리는 윤석열 정부하에서 대통령 권력과 의회 권력 간의 교착상태를 목격했다. 의회가 발동한 탄핵은 30차례도 넘는다. 그에 대해 대통령이 행정명령decree으로 대응했던 것의 결과를 볼 수 있었다. 대통령 권력이 강해서 비상계엄을 했는가? 과거부 터 있던 조항인데, 대통령 권력이 강했다면 제대로 했을 텐데 왜 그러지 못했는가? 그것도 아니다. 대통령 중심 '국민투표식 민주 주의' 문제는 강한 국가, 약한 시민사회(정당), 대통령에 대한 오 도된 국민적 기대 등의 문제를 함께 고려할 필요가 있다.

양극화를 막기 위해 개헌을 하는가? 그렇다면 다당제가 필요 하다. 사회의 여러 목소리가 정치권에 의해 대변되게 하려면 대 선과 총선 모두에서 결선투표제를 도입하는 것으로 충분하다. 왜 굳이 개헌을 하는가? 대선 전후나 큰 스캔들이 터지면, 87년 체제, 제왕적 대통령, 개헌 이슈가 늘 등장한다. 그러나 이 말은 개헌이 완전히 필요하지 않다는 말은 아니다.

조반니 사르토리Giovanni Sartori는 제도(헌법) 개정에서 고려해야 할 가장 중요한 요소는 작동가능성이라고 말했다. 아무리 좋은 제도라도 오늘의 한국 정치 현실에서 작동하지 못한다면, 개헌은 헛수고에 불과하다.

3) 한국 분점정부(여소야대)의 해결 방안

3김 시대에는 의원 빼오기로 여소야대 문제를 해결했다. 노무현 정부 초기는 사실상 탄핵유도와 탄핵반대 촛불시위로 열린우리당이 과반 달성을 이루어 냈다. 이명박·박근혜 정부 때는 여대야소였다. 문재인 정부 전반기에 다시 여소야대였는데, 적폐 청산으로 야당을 축소시키고, 청와대 국민청원으로 의회를 우회했다. 윤석열 정부 때는 이도 저도 안 되는 상황에서 극단적 대립이 노정되었다. 윤석열 정부는 야당의 탄핵·특검과 계엄으로 결국에는 파국으로 끝났다.

이렇게 한국 정치사를 살펴보면, 의회 다수파가 정부를 구성하는 의회중심제 개헌을 고려할 만하다. 정부 통치에 불만이 고조되면, 의회는 내각불신임을 결의할 수 있고, 내각은 의회해산과 선거로 새 정부의 구성이 가능하다. 서로 고정된 임기하에 갈등과 대립의 수렁에 빠지지 않고, 그로 인해 정부 작동을 못 하게 하지 않고, 바로 선거로 승부가 가능하다. 최종적으로 국민에게 결정해 달라고 할 수 있는 장점이 있다.

다만 여기서도 문제는 의회중심제의 경우 대개 비례대표 선거
제도와 병행해야 다당제를 구현할 수 있다는 것이다. 이 경우 정
당이 이념적·조직적·사회적으로 약하면 제대로 된 정부를 구성
하기가 쉽지 않다. 구성된 정부에서 문제가 발생해도 연립정부
라 정당들이 서로 책임을 떠넘기기에 십상이다. 그러면 유권자
입장에서 누가 뭘 잘못했는지 판단하기 어렵다.

이러한 이유로 제2차 세계대전 이후 이탈리아의 다당제에 의
한 연립정부 시기나 프랑스 제4공화국과 같이 수시로 내각이 바
뀌거나 선거를 해야 하는 상황이 만들어질 수 있다. 이것은 이것
대로 문제가 크다. 프랑스는 끝내 이른바 제5공화국 헌법 또는
드골헌법으로 알려진 대통령중심제와 의회중심제가 공존하는
체제, 즉 이원집정부제로 귀결되었다.

4) 양원제 개혁안의 문제와 개선 방향

입법부의 구조를 상하 양원제로 하자는 제안도 있다. 하원을 단
순다수제 그대로 두고 상원은 현행 비례대표의원을 중대선거구
제(사실상 비례대표제)로 뽑아 영호남 1당독식 구조를 깨자는 취
지다. 이 요지만 보면 논평자는 반대이다. 이유는 두 가지다.

첫째 사르토리의 이론을 빌려 말하면, 이렇게 선거제도를 섞으면 두 제도의 장점은 죽고, 약점만 두드러진다. 단순다수제의 장점은 양당제를 유도해 과반 정당이 정부를 운영하고, 그에 대해 유권자가 분명히 책임을 물을 수 있다는 것이다. 그런데 이 두 가지를 섞어 놓으면 이도 저도 안 된다고 본다.

둘째, 영호남 1당독식 구조는 샤츠슈나이더식으로 갈등의 전국화를 통해 해결해야 할 문제라고 생각한다. 지역 균열은 민주화 균열의 변형태이고, 우리 정당정치가 아직도 그 민주화 균열에 갇혀 있음을 방증하는 것으로 이해되기 때문이다. 사회경제적 균열이 정당체제를 재편해야 지역 균열·민주화 균열도 변화가 생길 것이다. 그것이 아니고, 인위적으로 영호남에서 다른 당 의원 몇 명이 선출되는 것이 어떤 의미가 있을지 예상하기 어렵다.

참고문헌

Fiorina, Morris P.(2004), *Culture War?: The Myth of a Polarized America*, New York: Longman.

Levitsky, Steven & Daniel Ziblatt(2018), *How Democracies Die*. 박세연(역), 《어떻게 민주주의는 무너지는가: 우리가 놓치는 민주주의 위기 신호》, 서울: 어크로스.

Linz, Juan(1994), "Presidential or Parliamentary Democracy: Does It Make a Difference?", In Juan J. Linz & Arturo Valenzuela (Eds.), *The Failure of Presidential Democracy*(pp.3~90), Baltimore: The Johns Hopkins University Press.

_____(1990), "The Perils of Presidentialism", *Journal of Democracy*, 1(1), 51~69.

Mettler, Suzanne & Robert C. Lieberman(2020), *Four Threats: The Recurring Crises of American Democracy*, New York: St. Martin's Press.

Sartori, Giovanni(1994), *Comparative Constitutional Engineering: An Inquiry into Structures, Incentives, and Outcomes*, London: Macmillan.

_____(1987), *The Theory of Democracy Revisited*, Chatham, N.J: Chatham House.

_____(1976), *Parties and Party Systems*, Cambridge: Cambridge University Press.

Tomasky, Michael(2018, 12. 7), "If America Had a Parliament", *The New York Times*.

저자 소개 (게재순)

강원택

서울대 정치외교학부 교수이다. 서울대 지리학과를 졸업하고, 동 대학원에서 정치학 석사학위를, 영국 런던정경대(LSE)에서 정치학 박사학위를 받았다. 서울대 국가미래전략원 원장이며, 외교부 정책자문위원장과 헌법재판소 자문위원으로 활동하고 있다. 한국 정치를 대상으로 통치형태, 선거, 정당, 의회를 주제로 한 연구를 하고 있다. 저서로《제5공화국》(2024),《국가는 어떻게 통치되는가》(2022),《의외로 사람들이 잘 모르는 정치》(2022),《보수는 어떻게 살아남았나: 영국 보수당 300년, 몰락과 재기의 역사》(2020) 등 다수가 있다.

서정건

경희대 정치외교학과 교수이다. 서울대 정치학과를 졸업하고, 미국 텍사스대(오스틴)에서 미국 의회와 정당을 주제로 정치학 박사학위를 받았다. 우드로윌슨센터 풀브라이트 펠로우를 지냈고, 한국정당학회 회장과 국가안보실·국회의장실·외교부·통일부 자문위원으로 활동 중이다. 주로 의회, 대통령, 정당 등 미국 정치 제도와 미국의 민주주의-외교정책 상관성 등을 연구하고 있다. 주요 논문으로 "미국 국내 정치와 경제 안보"(2023), "대미 의회 외교 전략 연구"(2023), "전시 대통령의 초당파적 리더십 연구"(2022) 등이 있다. 주요 저서로《미국 국내 정치와 외교 정책》(2020),《미국 정치가 국제 이슈를 만날 때》(2019),《미국 정치와 동아시아 외교 정책》(2017) 등이 있다.

장영수

고려대 법학전문대학원 헌법 교수이다. 고려대에서 법학사와 법학 석사 학위를 받고, 독일 프랑크푸르트대에서 법학 박사학위를 받았다. 헌법재판소 연구위원, 국회 헌법개정특별위원회 및 정치개혁특별위원회 자문위원, 대법원 사법정책연구원 운영위원 등을 역임했다. 현재 '진실·화해를 위한 과거사정리위원회' 비상임위원이며, 국회 국민미래개헌자문위원회 위원이다. 저서로 《헌법학》(제15판, 2024), 《대한민국 헌법의 역사》(2019), 《민주헌법과 국가질서》(1997) 등이 있다. "헌법의 기본원리로서의 민주주의"(1993) 등 200여 편의 논문과 500여 편의 신문 칼럼을 통해 대한민국의 헌법과 국가질서에 대한 관심을 글로 표현하고 있다.

성낙인

서울대 법대 명예교수이다. 서울대 법대 학장과 서울대 제26대 총장을 역임했다. 서울대 법대를 졸업하고 동 대학원을 수료한 후 프랑스 파리2대학에서 법학 박사학위를 받았다. 대통령자문교육개혁위원회 위원, 국회 공직자윤리위원회 위원장, 통일부 정책자문위원회 위원장, 대법원 대법관후보추천위원 및 법관인사위원회 위원, 한국공법학회 회장, 한국법교육학회 회장, 한국법학교수회 회장, 헌법재판소 자문위원, 동아시아연구중심대학협의회 회장 등을 역임했다. 현재 김수환 전 추기경이 초대 이사장을 역임한 비영리공익법인 '자녀안심 국민재단' 제5대 이사장이다. 법학도의 필독서인 《헌법학》(제25판, 2025)과 비법과생을 위한 《헌법개론》(제14판, 2024)을 비롯해 《헌법소송론》(제2판, 공저, 2021), 《언론정보법》(1998), 《프랑스헌법학》(1995), 《프랑스 제5공화국 헌법상 각료제도》(프랑스어판, 1988) 등 저서 30여 권과 논문 200여 편을 썼다.

염재호

태재대 초대 총장이자 국가AI위원회 부위원장이다. 고려대 제19대 총장을 역임했다. 고려대 법대 행정학과를 졸업하고, 미국 스탠퍼드대에서 일본 첨단산업과 정부와 기업 네트워크를 연구하여 정치학 박사학위를 받았다. 일본 히토츠바시대학, 쓰쿠바대학, 호주 그리피스대학, 중국 인민대학, 북경대학, 영국 브라이턴대학 등에서 객원 연구원 및 외국인 교수로 일했다. 한국정책학회 회장, 현대일본학회 회장, 외교부 정책자문위원장 등을 역임했다. 저서로《AI시대 대학교육의 미래》(2024),《우리가 꿈꾸는 대학 태재》(2024),《개척하는 지성》(2018),《딜레마 이론》(1994) 등이 있다.

최장집

고려대 정치외교학과 명예교수이다. 고려대 정치외교학과 교수, 고려대 아세아문제연구소 소장, 캘리포니아대(버클리) 방문교수, 스탠퍼드대 방문교수, 코넬대 방문교수를 역임했다. 고려대 정치외교학과를 졸업하고, 동 대학원에서 정치외교학 석사학위를, 미국 시카고대에서 정치학 석사학위와 박사학위를 받았다. 한국정치연구회 회장, 학술단체협의회 공동의장, 한국산업사회연구회 회장, 대통령자문 정책기획위원회 위원장, 일본경제연구소 방문교수, 한일공동학술연구포럼 한국대표 등을 지냈다. 노동 문제, 한국 정치사와 민주주의에 관한 연구를 수행했다. 주요 저서로《노동 없는 민주주의의 인간적 상처들》(2012),《민주주의의 민주화》(2006),《한국민주주의의 이론》(1993) 등이 있다.